千日回峰行

光永覚道
Mitsunaga Kakudo

春秋社

はしがき

昭和五十九年三月一日、十二年籠山行（ろうざんぎょう）は始まった。この日、比叡の峰々はすっぽりと綿帽子をかぶって私を迎えてくれた。天台宗の開祖・伝教大師最澄が世に役立つ僧侶育成のため定められた十二年籠山行は、十二年のあいだ比叡山の結界から一歩も出ずに学問に専心せよというものである。平安の昔より今日までこの籠山行は、浄土院侍真（じしん）によって絶えることなく綿々と受け継がれてきた。宗祖大師の「解行双修（げぎょうそうしゅう）」の理念に基づき、昭和初期より千日回峰行者も十二年のあいだ籠山をして、千日回峰行を修することとなったのである。

三月二十八日晨朝、小雪舞う比叡の峰を回峰第二百日に出峰。比叡山の春は回峰行者とともに訪れるといわれるが、この年ばかりは違っていた。日当たりの悪い、谷あいの行者道はいたるところに残雪。まるで雪のトンネルを歩くといった具合で、入行したばかりの我身には向後の行道の厳しさを物語っているかのように感じられるものだった。回峰行は一年のあいだに百日もしくは二百日を行じ、回峰第二百日より始めて七年かけて千日回峰行を修する。私は回峰第初百日は昭和五十五年、比叡山延暦寺一山の住職となるために修する三年籠山行中に行じたが、出峰直後より腰痛からくる膝の痛みに悩まされ、真に長い百日であった。昭和六十年から六十二年の三年間は、百日ずつ回峰行を行じたが、鳥のさえずりやくさむらに咲く早百合の香りなど、うつろいゆく四季に仏に生かされている自分を認識するとともに山川草木悉有仏性を体得する日々でもあった。

回峰第五百日目の昭和六十二年、先満より化他門を行ずる行者の証しである白帯袈裟を授けられ、ようやく「白帯行者」と称する下根満の行者にさせていただいた。昭和六十三年は明王堂参籠（堂入り）の年であり、この年、初めて二百日の回峰行を修することとなった。十月十三日、第七百日を成満すると、直に化他門に生きる行者として本尊大聖不動明王の心地に参入せんことを希い、九ケ日間、断食・断水・不眠・不臥の明王堂参籠に入堂。初秋にもかかわらず風花が舞い散る開闢であったが、こころは堂入りの浄行をさせていただく喜びでいっぱいだった。堂入りの間、時間の経過はあまり記憶に残っていない。というのも自身で時間の経過を確認できたのは、毎日深夜二時に本尊にお供えする閼伽水を汲むためにお堂を出る取水のときだけである。これとても、助僧に促され、はじめて取水の時間とわかるのであって、私はひたすら目交の御仏を拝し、修法するだけの悠久の時に身を任せるだけであった。十月二十一日払暁、長い一日と感じられた明王堂参籠より出堂させていただくことができた。釈迦苦行の追体験といわれる明王堂参籠は私一人の胸の内に大切にしまっておきたい。自らの体験を公表することを私は好まない。ましてやおおげさに「千日回峰行は難行苦行だ」などということは論外である。なぜなら、私はくしき仏縁によって許された千日回峰行を苦行と感じたことは一度もない。むしろ、修行の日々を重ねさせていただける悦びを感じていたのである。

平成元年には、古来より千日回峰行の中でも難行といわれている回峰第八百日「赤山苦行」に出峰。これまでの比叡山内巡拝に加え、慈覚大師が新羅より勧請された比叡山西の守護神である山麓・赤山禅院にまで足を延ばす十五里の道程であった。

そして、平成二年、千日回峰行は締めくくりの年となり、最大の難関である回峰第九百日京都大廻りに入行。赤山禅院より比叡山内の結界を出でて洛中洛外の社寺を巡拝する行程は二十一里にも及ぶものであった。回峰行の本意は「但行礼拝」と言われ、有縁無縁・一切衆生の済度を冀い、ひたすら祈りにあけくれる百日間であった。京都市中の風景など全く眼に入らぬ日々であったが、出雲路橋より仰ぎ見る比叡の峰はことのほか美しく、おもわず慈鎮和尚の「世のなかに　山てふ山はおほかれど山とは比叡の御山をぞいふ」という和歌が脳裏をよぎり、何故か祖山を懐かしく思えたのである。

捨身の行である京都大廻りを終え、回峰第一千日目の比叡山内の巡拝では、蟬時雨、虫の声に行く秋を感じながら静かにこれまでを振り返る機会を与えられ、走馬灯のように一千日の日々が頭の中をよぎった。比叡山という恵まれた環境の中に身を置き、悔いのない行道の日々を過ごさせていただけたことは、なにものにも代え難い悦びであった。

平成八年三月一日、十二年籠山行を終わらせていただく。このあいだに千日回峰行者として、さまざまな行を行じさせていただいたが、仏の道は終わりではない。伝教大師最澄がいみじくも「最下鈍の者も　十二年を経れば　必ず一験を得」との言葉を残しておられるが、浅学菲才の私が得たものは何なのだろうか。何も得ていないのではないか。この命題に生涯、自問自答しながら更に仏道に精進を重ね、「忘己利他」の精神に則った僧侶として生きてゆきたい。

最後に、十二年籠山行遂業を目前にひかえ、私が「今、思うこと」をインタビューに答える形式で出版を企画し、ご高配をいただいた春秋社社長神田明氏、佐藤清靖編集長、また写真家打田浩一氏ならびに千坂祐希氏に深く感謝申し上げます。

平成八年二月三日

比叡山無動寺谷法曼院にて

光永覚道

千日回峰行　目次

千日回峰行

第一章　比叡の四季

一日の生活

——私ども、何回か比叡山にうかがわせていただいているのですが、こんなに素晴らしい青空の日は初めてです。阿闍梨（あじゃり）の一日の生活と申しますか、そんなところからお話をさせていただければと思います。

基本的には早朝五時の勤行（おつとめ）、午前十一時の護摩供（ごまく）と午後二時半の護摩供を毎日つづけさせていただいております。千日回峰行を満行させていただき、比叡山内を巡拝する自分のための行という自利行（じりぎょう）は一応済んだと仮定し、今度は、化他行（けたぎょう）というのですが、人のために祈願をさせていただくという修行で、毎日十一時と二時半に護摩の修法をさせていただくという、生活をさせてもらっています。

三月から七月まで、初百日の回峰行をさせていただく者がいる期間は、行者の指導が加わります。一年を通じて勤行はしておりますが、いま申しましたように、三月下旬から七月下旬までは回峰行のシーズンですが、それ以外はいわばシーズンオフになりますから、明王堂（みょうおうどう）に参拝される方々のためのお参りをさせていただく生活をしています。

——そうすると朝七時ごろ食事をなさって、お昼をとられて、食事は三度ですか。

二度です。朝は食べません。

——では、お昼と夕食。夕食のあとは、だいたいお休みになるのは何時ごろですか。

眠くなったときです。あまり生活を深く追求しないでください(笑)。

——わりと夜は遅いのですか。

本当に宵っぱりですから。

——パソコンを叩かれるというのは、そういうときに叩くんですか。

そうです。私の日課です。

——そのサイクルでだいたい一日を。

そうです。先程も申しましたように、基本的には十一時と二時半の護摩供は絶対欠かさないということを大前提にして生活しています。ですから今、私がさせてもらわなければいけないことは、後進の指導、要するに次の回峰行をする者の指導、そして、ここに足を運んで、お参りくださる方々のための祈願をさせてもらう。それが私のつとめですので、それは絶対に欠かさない。千日回峰行と一緒で継続することに意味があります。

——信者さんも、毎日たくさんいらっしゃるでしょう。

ええ。それこそ家庭の問題から病気の問題、会社の経営の問題から、すべての相談にのります。

——お風邪を召されるようなこともあるかと思うのですが、そういうときでも護摩供はお休みなしですか。

はい。熱を計ったことはありません。熱を計って、熱があっても休めるわけではないですから、無意味ですから計らない。今日は熱っぽいですから、護摩供は休ませていただきますというわけにいきません。それは私の都合であって、わざわざ足を運んでくださっている信者さんの都合ではない。そういうことに関しては、私の都合というのは基本的には存在しません。ですから、風邪で休むということはないです。ある意味では、毎日欠かさずお勤めをさせていただいて、信者さんのための祈願をさせていただくことが、私の今の修行です。

――そうすると、病気などのときでも、お医者さんはいらないのですか。

そうですね。いらないというか、かかれないいんです。基本的には、修行中は病気をすること自体いけないことです。気の病で、気の緩みが病気を招くわけで、緊張感があったら、病気はしないわけです。そういう逆説になります。病気、気の病とそのまま書きます。

昔、大学の実験で、相手を決めて、スタッフの皆で顔色が悪いですよと声をかけ続けたら、本当に顔色が悪くなって、本当に病気になったという話を聞いたことがあります。それほど、人は精神的なものに左右されやすいものなのです。神経性の潰瘍というのは、二時間もあったらストレスで胃に穴があくと聞いています。それだけ気で影響されている人間の部分というのは非常に大きいわけです。

会社でもそうだと思うのですが、どうしても今日中に終了させなくてはいけない仕事があって、これを決めなければいけないとなったら、体調が悪くても出社してくるわけでしょう。それを意識して持続するのが修行です。ですから、病気をすること自体が恥ずかしいことです。ということは、自分自身のマインドコントロールができていないということです。気をコントロールするというのは、今風に言うとマインドコントロールです。マインドコントロールをするために鍛練をしていくんです。毎日の積み重ねです。簡単な病気でしたら、それができていないから病気に振り回されるのではないでしょうか。ですから基本的には病気をしない。病気をしても、それに振り回されないということが大切です。上手につきあうことです。

三塔十六谷と論湿寒貧

――ここは無動寺谷明王堂[*1]というところですね。今、阿闍梨は輪番ということでいらっしゃいますが、明王堂もこの無動寺谷が開かれたのと同じくらい古いんでしょうか。

そうです。明王堂を開いて、無動寺が開かれたわけです。

――ここは三塔十六谷[*2]のうちの東塔。

東塔の一番南、比叡山の一番南になります。明王堂から行者道をあがっていったところに叡南の辻という場所があるんです。現在は、ドライブウェイで旧道の上と下が切られてしまいましたが、そこを叡南の辻といって、この叡山の一番南にあたる場所になるんです。その叡南という土地の名前を名字とされている方が、無動寺の住職で、今、四人おられます。

延暦寺の住職で経典からとられた名字で即真とか、獅子王と名乗っている方がおられます。獅子王という名前はお経から、即真も即身成仏の即身ですから、これもお経からとった名字です。

明治に平民も皆自由に名字をつけることを許されましたから、無動寺の住職だった方が、それなら叡南という名字を名乗らせてもらうということで、今日もその名前が伝わってきているのです。

1　**明王堂**　回峰行者の根本道場。回峰行の祖、建立大師相応和尚が、比叡山東塔無動寺谷に開いた無動寺の本堂である。本尊は相応和尚自作の不動明王。

2　**三塔十六谷**　東塔、西塔、横川を三塔といい、東塔に東谷、西谷、南谷、北谷、無動寺谷の五谷、西塔に東谷、南谷、北谷、南尾谷、北尾谷の五谷、横川に般若谷、香芳谷、戒心谷、解脱谷、兜率谷、飯室谷の六谷あり、合わせて十六谷ある。

ここが三塔十六谷の一番南になるわけです。ここから、東塔が五谷、西塔が五谷、横川（よかわ）が六谷、それで合わせて十六谷になって、その三塔十六谷をめぐるお参りに巡拝した修行が回峰行です。

――谷といっても、谷底というよりも、集落、人の集まりという意味ですね。

そうですね。簡単に説明するとすれば、十六谷という十六の市があって、三塔という三つの県があって、延暦寺という一つの国があるんです。全部合わさって、一つの行政区域になるわけです。ここで皆がそれぞれ競い合って修行をし、学問をしたわけです。

――こちらでは論湿寒貧[*3]という有名な言葉があります。今、それぞれの谷の人たちが競い合うという話がありましたが、それもこういった厳しい自然状況の中で行なわれてきたということでしょうか。

論湿寒貧の中で、自然現象ではないのは論だけです。論というのは論義ということです。論義というのは、一般的に言うと口頭試問だと思ってください。要するに天台宗の根本経典は法華経で、その法華経の教えについて論議をたたかわせるものが、現在、法華大会（ほっけだいえ）[*4]・廣学竪義（こうがくりゅうぎ）として残っています。碩学の高僧が勉強をして試験を受けにきたもの（竪者（りっしゃ））に対して口頭で問題を発する。問者といって質問する者が、このようなお経にはこう書かれているが、こう解釈できるが、お前はどう思うか。それに対して、口頭試問ですから、ペーパー試験のようにいろいろ、考える時間もなく、即答するわけです。そういうかたちで、往復問答をするということです。天台の教義について知識として勉強したことを知恵として身についたものとして即答しなくてはいけないというのが論義です。古来より論義というのは、非常に重きを置いたと聞いています。

その論義、法華大会を遂業することは非常な難関でしたから、その法華大会を遂業することは非常に名誉なことだったのです。それに合格するために、それこそそれぞれの谷から選ばれたエリートたちが、競い合ったわけです。

天台宗というのは教学的に非常に幅広い分野があります。円密禅戒(えんみつぜんかい)といって、円教というのは顕教(けんぎょう)ですが、つまり法華経の教え、そして密教、坐禅、戒律と、非常に広い分野の学問があります。これが全部法華経を根本にして解釈してありますが、それに対して全部の質問があるわけです。これを全部修めるのは非常に困難であり、非常に大変だということで、論が一番最初に来ているのです。

次の湿というのは湿気です。比叡山の霧というのは、私の写真集『回峯行』(打田浩一著、春秋社)にも使われていますが、比叡山の煙霧。新琵琶湖八景に「煙霧比叡の樹林」とうたわれていますように、霧の出る日が多い。非常に湿気が多い。ということで、湿です。そして寒、非常に寒い。貧というのは貧しい、清貧ということです。

——寒さは、本当に寒いのですか。

寒さは地球の温暖化現象との関係からか、昔のことを思うと、年々やわらいできているような気がします。私が三年籠山行(ろうざんぎょう)*5で浄土院の助番をさせていただいたときには、真冬に炬燵に布団をかけて、

3 **論湿寒貧** 比叡山の特徴を端的に表現したもので、伝教大師最澄の「湿気(湿)がつよく、寒冷(寒)な山坊に籠居し、清貧(貧)にあまんじつつ、法華経の論義(論)に精をだすことに心がけなさい」という教えを示す。

4 **廣学竪義** 法華大会ともいい、止観業(顕教)の伝統を引く重要法儀である。内外の天台教籍にもとづいて、その奥義を極めた学説を発表、論議、批判する形式をとる。起源は延暦二十年(八〇一)に遡り、現在でも五年一会の勅会として綿々と続いている。

5 **浄土院助番** 浄土院侍真を補佐する助僧のこと。現在は三年籠山中の交衆生が当たる。

炬燵で寝ていますと、吐いた息のところが凍っていました。

交衆生（きょうしゅうせい）[*6]といって、修行中の小僧ですから、浄土院の拝殿で勤行をするのに、裸足で堂内に入るんです。マイナス一〇度以下の中で、畳の上を素足で歩くんですが、痛くて、普通に足がつけないんです。足の裏一面が刺すように痛い。行道といって、本尊の回りをお経を唱えながら歩いて廻るのですが、おかしな歩き方になる。ぺたっと足の裏全部がつけないんで、足のへりだけで歩いていますと、「ちゃんと歩け」とよく怒られました。でも痛くて歩けないんです。針のむしろというのはこういうものかなとつくづく思いました。浄土院の廊下に四〇度くらいのお湯をざあっとまきますと、目の前でバチバチと凍っていきました。

今、そういうふうになるのは浄土院と横川（よかわ）の元三大師堂（がんさんだいしどう）ぐらいですね。それほど寒いところなんです。お灯明でも、点けているところだけが溶けていて、あと周りの油は全部凍ってしまいます。雑巾をぎゅっとしぼってお堂の拭き掃除をしても、五センチも拭いたら雑巾が凍ってしまいます。それで拭いていって、金物のところを拭いてしまうと、凍りついてしまい、バリバリとはがさないといけない。そのくらい厳しい寒さです。あんな寒い思いをしたことはないですね。

――今、浄土院の話が出ましたが、比叡山には三大地獄[*7]があるとよく言われるようですが、三つの「地獄」があるのですか。

掃除地獄と看経（かんきん）地獄と回峰地獄ですね。はた目から見て地獄なだけであって、中に入ってやっている分には別に地獄だとは思わないのですが。

――比叡山はお浄土ではないかと思うのですが、地獄があるのですね（笑）。

それは考えようでしょう。よそから見た言葉でしょうね。はた日には浄土院のように朝から晩まで掃除をしていたら、やはりそんな辛いことはないんじゃないですか。回峰行でも、千日回峰行をするのに、夜の夜中に起きて、山の中を素足に草鞋ばきで雨の日も晴れの日も休みなく歩きつづける。はた目には地獄に見えるだろうけれども、地獄と思って修行していては修行になりません。修行というものは自分から進んでさせていただいているのですから、地獄ではありません。浄土院で助番をさせていただいて、苔の中に生えている草を一本一本抜かしてもらうというのは非常に楽しい仕事でした。

世間にも交通地獄、受験地獄、地獄がたくさんありますね。それでもものは考えようということです。受験でも、偏差値で決めてしまうのではなく、自分の目的があって、自らの将来の希望に向かってどうしてもこの大学に入りたいと考えて勉強をしている人間にとっては別に地獄ではないんです。極楽をめざして苦労しているだけです。

「楽志」、つまり志を楽しむ、という言葉があります。人生において何をするにおいても、自分の自由になることは、基本的には何一つないわけです。ある程度、ものごとが自由になるというのは学生のうちまでであって、社会人として何か仕事をしようと思ったら、まず困難が先にある。その困難を工夫して乗り越えていって、苦労を積み重ねて、結果を出す。それは当たり前であって、苦労のない結果なんてありえません。苦労とか、困難という自分に与えられた試練は、考えようでは自分で気がついていない才能に気がつけるチャンスなのかもしれません。自分が目的をもって、それに向かって

6 **交衆生** 延暦寺一山住職になるために修行中の僧侶のこと。
7 **三大地獄** 浄土院の掃除地獄、横川の看経地獄、無動寺の回峰地獄をいう。ともに修行の厳しさを地獄に譬えたものである。

する苦労というのは当たり前の努力であって、それは楽しめる苦労です。苦労ばかりで何一ついいことがないというような不平不足をいうことは、自分は努力をしていませんと宣言しているようなものです。もし、世間に出て、仕事をさせていただく場合でも、自分の望むような仕事をさせてもらえることは少ないわけです。しかし、自分の意志にそぐわない仕事でも不足を言うまえに、好きになる工夫が必要です。与えられた課題に対して前向きにとりくめば、楽しみをみいだせると思うのです。

ですから志を楽しむ。志を楽しめば楽しむほど、苦労や困難が大きければ大きいほど、楽しみが増えていく。その苦労は、はたから見ると地獄と見えるかもしれませんが、やっている本人は、自分が好きなこと、やりたいことをさせてもらうためにしている苦労ですから、何の苦労にもならない。それを苦労と感じるようでは、いい結果は生まれません。何事をするのにも障害はつきものであって、障害のない人生なんて考えられません。大なり小なりある。自分のめざしているものが大きければ大きいほど、障害も大きいわけです。

――地獄というよりも修行ということですね。看経地獄、これはお経を読むということだと思います。それから回峰行、そして浄土院[*8]での侍真（じしん）。それは、比叡山というところの持っている修行の幅の広さというか、すごいものですね。

ですから地獄といっている言葉自体が、たとえとして、いいたとえなのか、悪いたとえなのか。たとえとして、三大地獄を称して、峰の白鷺（しらさぎ）、谷の鈴虫といったのです。昔、峰の白鷺が増えたときは世の中が乱れているときだといいました。世の中が乱れているときに、峰の白鷺、要するに回峰行者が増えるということです。横川の看経地獄のことを、谷の鈴虫といいました。谷の奥に入って、世の中にふれずにお経に専心しているという、たとえもあるわけです。
時代によって解釈が違います。ですから、今さら織田信長の叡山焼き討ち[*9]をどうのこうのと言ってもしょうがないことです。これは歴史の過ちかもしれませんし、それがよかったのかもしれません。

最澄と比叡山

――伝教大師最澄が比叡山を開かれるわけですが、最澄さん以前から比叡山は一種の聖地だったわけですね。

聖地です。神の山です。

――阿闍梨は、伝教大師という方はどういう方だと思われますか。

素晴らしい方だと思います。十九歳で、『願文（がんもん）』[*10]を著され、発心、参籠され、天台宗の基礎を築かれたわけです。これが時代の評価をこえて、現代に伝わり、天台宗の教えというものが純然として残っている。伝教大師が残された教えは現代でも不変であり、現代人の心に深く感銘を抱かせてくれ

8 **浄土院侍真** 天台宗の宗祖・伝教大師最澄の廟所、浄土院に仕える僧侶で、伝教大師が『山家学生式』のなかで定めた一期十二年の籠山行を修する。持戒堅固に厳しい戒律を守り、律僧とも籠山比丘とも呼ばれる。
9 **叡山焼き討ち** 元亀二年（一五七一）九月十二日、織田信長は大軍を率いて比叡全山に焼き討ちをかけたことで「元亀の法難」ともいう。三塔十六谷の堂塔伽藍僧房の大部分が灰燼に帰した。
10 **願文** 最澄が十九歳で比叡山入山後まもなく記されたもので、「悠々たる三界はもっぱら苦にして安きことなく、擾々たる四生はただ患にして楽しからず」の書き出しではじまる本書は、最澄の烈々たる求道のこころざしを示す、とされる。

ます。いま新興宗教と言われている宗教がたくさんありますが、鎌倉仏教でもその当時は新興仏教ですし、天台宗でもそもそものはじめは新興仏教です。要するに時の流れの中で淘汰され、必要とされたものが残ってきたわけです。その中で残ってきた天台宗、比叡山というと誰でも知っている山を残されたということは素晴らしいことです。

信者さんとの話の中で、伝教大師の教えの一端を話させていただくことがありますが、その教えは現代生活の中でも、時空を越えて生きつづけています。つまり千二百年前に、伝教大師がこの比叡山を開かれたころと、今の私たちの精神生活レベルは全く変化していない。それが現実でしょう。知識と知恵という言葉がありますが、知識というのは積み上げてきて、たくさんの本として残ってきましたが、知恵は自分の経験を通じて身につけるものです。つまり知識を勉強して、自分の経験などを通して知恵に変えるわけです。ところが、人間としての知恵という部分では、人間は何も進歩していない。

ですから、伝教大師の教えを、今そっくりそのまま引用させていただいても十分通用する。精神生活はかえって伝教大師の時代よりも悪くなっているのではないでしょうか。中国から仏教が伝えられ、完全に日本風に変えられたのが伝教大師です。

——最澄さんも、歴史をひもときますと、いろいろ苦労も多かった方のようですね。

多かったですね。やはり出る杭は打たれたということもあります。ただ、桓武天皇の引き立てで偉業をなしとげた方です。やはり傑出した人物を見抜いた、傑出した人物がいたということです。桓武天皇がいなかったら天台宗は存在しません。時代の流れを変えようとした桓武天皇がおられて、時代を変えるために、精神的な指導者として伝教大師を選んだということです。

二十代でそのような皇室お抱えのお坊さんになっているわけですから、ずば抜けた才能を持っておられた。それを認めて重用された桓武天皇の力のほうがすごいかもしれません。

――最澄さんは、どうして比叡山を選ばれたのでしょうか。

基本的には、都に近くて、深山幽谷で、ということです。伝教大師の言葉に、「自から住めば持戒のこの山は実なるかな依身より依所」(『和論語』)という和歌があるんです。依身というのは心です。依所というのはところです。ですからいくら持戒堅固で、志が高くても、町の真ん中で修行をしようと思っても誘惑が多いわけですから、だからまずは環境を整えなさいということを言っておられるわけです。心を整えることも必要ですが、まず環境を整える。要するに修行をする環境です。

ということで、環境を探したら比叡山になったのでしょう。新しい都のすぐ近くにあって、なおかつ谷深い山です。目の前に大津が見えて、今はネオンも見えますが、最適の距離です。人を導くためには、あまり人里を離れすぎてもいけません。

弘法大師空海は、依所を求めて高野山まで入ってしまいました。弘法大師は深山に入ってしまったのですが、その教えを弘めるために、弟子たちは東寺や根来寺など里に下りてきたわけです。比叡山は本当に都のすぐそばにありながら、それでも山深い。それこそ二時間も三時間も上がらなければ入ってこられない山だったのです。ですから都に近くて、衆生に近くて、また衆生が容易に入ってこられない山。環境的には抜群だということで、比叡山を選ばれたのではないでしょうか。依所です。ですから、志も大切ですが、志を貫くためには、まず環境も整えなさいということを、最初に伝教大師が言われたわけです。これだけ目の前に、毎日ネオンを見ながら生活しているわけです。行こうと思ったら、いつでも行ける。ただ、二時間も三時間も足を運ばなかったら行けないわけです。人間というのは弱いものですから、魔がさすという言葉があるように、どんなに道心堅固の立派なお坊さんでも、魔がさすときはある。ただ、できるだけ魔がささないように環境を整えなさい。だから、環境が整えば、おのずと「住めば持戒のこの山は」の通り、戒律を守ることができる場所をみつけることができる。そういう場所として、深山幽谷、霊山のこの山を選ばれたのでしょう。

——それから始まって、長い歴史があって、このお山全体に、さっきの三塔十六谷ではないですが、たくさんの堂塔が建って、比叡山全体が一大聖地という感じですね。

聖地ではありますが、政治にかかわった時代もあります。そうでなかったら、焼き討ちに遭いません。

——あの焼き討ちというのは、ほとんど全部燃えたということのようですが。

西塔の瑠璃堂以外は全部焼失しています。ここでもたくさんの坊跡といって、谷に寺の跡がたくさん残っています。ただ、基本的に坊跡があるのは、ほとんど近くに水のあるところです。必ず水のあるところに建物はありました。ですから、山で一番水の量の多い弁慶水が、一番高いところで、そこより上には建物はほとんどありません。そこから水を運べる範囲です。今で言う山王院の上のほうにちょっと坊跡があるくらいです。水を運べる範囲でしか、基本的にはお寺は存在しない。昔から、水のあるところに坊跡が点在しています。

——水があるというのは、川とか、湧き水があるということですね。

煙霧比叡の杉木立ち

水がないと人間は生活ができないでしょう。ですから、比叡山の場合は海抜五百メートルくらいのところにお堂が集中しているんです。そこより下がってしまうと、里に近くなってしまいます。これ以上、上がったら水がなく、生活ができない。五百メートルくらいの標高のところに、全部のお寺が集中したのでしょう。比叡山というのは、山全体がその高さにあります。例外として、面白いのは、西塔などは山のてっぺんの尾根で水が湧くんです。これは水道（みずみち）の関係です。尾根のてっぺんで水が湧くので、生活できる。ここから下りてしまったら、里が近くなって、いつでも足を延ばせば行ける距離になってしまう。だから、里から遠くて、生活ができるぎりぎりの範囲でお寺が存在する。

無動寺だったら、*11閼伽井（あかい）から上に上がったら、弁慶水に行くまでの間、全然水がないんです。だから、ここにしか建てられない。ですから、こんな尾根筋の険しいところを選んで、寺を建てているわけです。閼伽井があるおかげです。現実と理想を兼ね合わせて、ぎりぎりの線でお寺というものを営んだわけです。

この向こうのほうに、六坊跡というのがありますが、そこからもう少し下がったところにお寺があってもよさそうなものですが、全然ないです。ずっと山の中に入ってみましたがないんです。それ以上、下がってしまったら、いつでも下界に下がれる距離になってしまいます。ちょっとの加減ですが、人間の心理じゃないですか。

――そうすると、坂本というのは里坊で里ですね。あれはお寺というよりも……。

里坊とは、元来、老僧が隠居するのに建てられた寺でした。門前町ということで、山に上る参道の坂のもとにあるということで、坂本本町といいます。ですから、全国にある坂本町というのは、だいたい寺の一方にあります。それで全国の門前町のもとであるということで、坂本本町と称したと聞いています。

ですから、大津市が町名変更をしたとき、坂本の町の中が全部何丁目に変わったのですが、延暦寺だけは坂本本町の四千二百二十番で、町名を残してもらったんです。そういう歴史がある。

——さっきも話が出ましたが、よく空海さんの高野山のほうと対比・比較されたりということもあると思います。阿闍梨も高野山には何度か足を運ばれたことはありますか。

一度だけお参りをしたことがあります。

——向こうとこちらではだいぶ違いますか。

やはり違いますね。弘法大師は聖地を求めて、あまりにも山奥に入られすぎたのではないでしょうか。ですから、俗があとからくっついていったんでしょうけど、現在ではお寺に町がくっついてしまい、聖俗一緒になってしまっています。比叡山は町はすぐ下にありますから、山の上に俗をもってくる必要がなかったのです。ですから聖俗を分離できた。

基本的には、伝教大師と弘法大師というのは、皇室からの諡号（しごう）ですが、これが両大師の宗教理念を一番端的に表現しているのではないですか。弘法、法を弘める方であって、布教をする、町へ出ていって、法を弘めるという方が弘法大師です。伝教大師、最澄さんは教えを伝える、あくまでも学問的な部分です。それが、今でも天台宗と真言宗の基本的な性格の差になっているように思えます。伝教大師はあくまでも学者さんです。こういう素晴らしい教えがある。その教えを弘めるための人材養

11 **閼伽井**　仏に供える水のある井戸。

成のお寺であって、衆生に向かって法を弘めるためのお寺ではないんです。だからこそ、鎌倉新仏教というのは天台宗から派生していますが、真言宗からは鎌倉新仏教は派生していないんです。それ自体が、最初から民衆に入っていって、布教をしています。

十二年籠山行

――最澄さんで、人材育成とおっしゃいましたが、人を語るのに、国宝、国師、国用（こくゆう）というのでしょうか、『山家学生式（さんげがくしょうしき）』[*12]などに出てくるということですが、素晴らしい言葉だと思います。

十二年籠山行ということがあります。十二年間は、お山にこもって修行せよ、と伝教大師がおっしゃったわけです。基本的には十二年ということ自体が、六・三・三の十二年ですから、今の学校制度の基礎みたいなものです。十二年で、最初の六年間は勉強の時期であって、あとの六年間は実践の時期なんです。ということは、小学校で勉強したことを、中学校、高校でやり直しさせるわけです。小学校で基礎をやって、中学校と高校でそれを焼き直しをして、もう一回やり直して、その応用を覚えていくわけです。十二年という時間の切り方自体が、今の教育制度の基礎になっているのではないでしょうか。そういう意味でも素晴らしい感覚です。

なぜ十二年かという問題があります。不思議ですね、なぜ十二年なのか。十五年でも十年でもいいわけです。しかし十二年です。なぜ十二年かというのは、どこにも書いてありません。なぜだと思いますか。

――どうして十二年なんでしょうね。

どうしてなんでしょうね。別に疑問に思ったことはないでしょう。先程も申しましたように最初の六年間が勉強の時期であって、あとの六年間が実践の時期というのです。比叡山では解行双修（げぎょうそうしゅう）といって、知識と知恵、知識を知恵にするためには実践をともなわなければならないと言っています。ちなみに、現在、比叡山で行なわれている十二年籠山行には、回峰行の十二年籠山と、浄土院の十二年籠山があります。

今は結界[*13]が坂本ですが、昔の資料を見ると、延暦寺の寺領自体が結界であった時代もあり、琵琶湖東岸の守山あたりまで結界内であったという記録もあります。今でいえば、京都の赤山禅院（せきざんぜんいん）のところに鳥居が建っていて、京都側の結界になっていますが、鳥居というのは結界を表すもので、その脇に結界石というのがあったんです。ここが叡山の結界ですという石がある。結界自体が時代によって変化しています。

延暦寺の勢力が強大なときには、守山あたりまで延暦寺の寺領ですから、そこまで結界の中に入っているんです。資料的には、そういうところにまで托鉢に出たり、籠山中の僧侶が、守山に行ったという記録もあります。そのころの延暦寺の寺領自体が広いんです。結界が広いわけです。その時代、時代で価値観が違うと思うのですが、時代、時代によって結界も違うわけです。延暦寺

12 **山家学生式**　式とは律令格式の式で、伝教大師最澄が山家（天台宗）の学生（仏道を修学するもの）の得度や受戒、修学上の制度を定めるもので、南都ではなく比叡山の大乗戒壇で受戒できるようにと、弘仁九年（八一八）五月十三日、嵯峨天皇に上奏。

13 **結界**　堂塔伽藍の領域を定め、聖域を示すこと。

の力によって結界が動いている。その結界の中をお参りしているのが、回峰行の籠山の範囲です。ですから、浄土院でいう十二年の籠山と、私たちがいう籠山の十二年では、本質的に全然違うものです。同じ言葉ですが、同じ言葉で並べたら、浄土院の十二年籠山をされた方に対して失礼です。浄土院の侍真は、本当に持戒堅固にして、一つの場所に留まって、伝教大師のお給仕をさせていただいて、毎日同じ生活を綿々と繰り返す。そういう籠山十二年と、私たちのように山外にお参りのために出かける十二年というのは、まったく性格的に違います。これを同じに論じるわけにはいきません。

——浄土院の十二年籠山行というのは、浄土院から一歩も出ないんですね。

基本的にはそうです。いろいろな結界があるわけです。浄土院の堀の外には出ない。あと西塔のどこまでしか行ってはいけないとか、そういう結界があるわけです。

——ちょっと話がずれるようですが、今の時代だから、テレビとかラジオとかはオーケーなんですか。

基本的には駄目です。籠山僧はテレビを見たり、ラジオを聞いたりしていません。

——なぜ十二年籠山なのでしょうか。

なぜ十二年でしょうね。要するに干支（かんし）のひとめぐりに合わせたのと違いますか。十二というのは、一つの区切りだと思います。十干十二支の十二支です。

——それで前半の六年がだいたい学問で、後年の六年が実践の時期……。

本来延暦寺のほうで浄土院などで行なう籠山僧はそういうものでした。回峰行の場合は、前半の六年で実践行、要するに自利行をして、あとの六年で化他行をするというかたちになります。

信じ仰ぐということ

——日本ではいろいろな仏教者がいらっしゃいますが、比叡山からは、その後、鎌倉新仏教の創始者と言われる人たち、道元さん、日蓮さん、親鸞さん、栄西さん、法然さんなどが輩出していますね。

私は何宗でもいいと思うんです。私はいつも言うのですが、信仰というのは、言葉のとおり信じ仰ぐというのですから、まず疑わないことです。信仰というのは安心（あんじん）を得るためのもので、心の安らぎを得るためのものが信仰ですから、私に言わせると何でも構わないというのです。ですから今はやりの新興宗教でも何でも構わない。既成仏教でも構わない。どんな方法でもいい。要するに、行ってお参りをさせてもらって、それによって心が安定して、安心を得られて、心が穏やかになるのだったらどんなものでも構わない。そして無理をしてはいけない。普段の生活の中に自然に取り入れてするものです。

ただ、それに入ることによって心が狭くなったり、家庭が壊れるというのはいけない。信じる方々がお参りに来て、ああよかったと思って、穏やかな気持ちで帰って、家族にもそれが伝わって、家族も穏やかになる。これが信仰です。それが、お参りをして、信じることによって、それに凝り固まってしまって、家庭が壊れるのは狂信です。

宗派の違いというのは、基本的には安心を得られるための方法論の違いです。ですから、山登りで全員が山頂をめざすわけですが、安心という山頂をめざす方法論が違うのが、私に言わせると宗派の違いです。安心を得る。どういう安心を得られるかという、その安心の内容の差がありますが、大ざっぱに分けてしまったら、安心を得るための手段が信仰です。ただ、ここに来るのと同じで、ドライブウェイで来るか、行者道を歩いて上がってくるか、ケーブルでくるかいろいろな方法があります。方法論の違いが宗派の違いです。

たとえば、念仏を唱えることによって安心を得る。あるいは天台宗のように自分で行をしなくてはいけませんといったら、行者道を歩いてこなければいけない。ドライブウェイがいいという人もいますし、自分の足でじかに歩いて上がってきたい人もいます。その方法論の差であって、それにこだわる必要はないと思います。それぞれに個人差があり、向き、不向きがあります。基本的に安心を得られて、それぞれがそれぞれの幸せ、幸福が得られるのでしたら、それが信仰です。人間、というように、人は人の間(あいだ)でかかわり合いながら生かさせていただくことによって人間として存在しうるわけです。個人が基本的に人間として構成しうる共同体の最小単位は家庭です。その家庭、家族の安心が得られないのだったら、人間が穏やかな気持ちになれないのは、狂信、狂った信仰である。

ですから、鎌倉新仏教というのは、祖師方が安心を得られるための方法として、天台宗の教えではややこしすぎるので、ある一つの教えをもって皆さんに安心を得てほしいということで、あみだされた方法論です。ですから、天台宗の所依の経典である法華経を熟知することも目的ではなく、また、*14『摩訶止観(まかしかん)』に説かれている止観(坐禅)を修することも目的ではありません。修行をすることによって、悟りを開くことで心の安心を得るということが最終目的ではないでしょうか。その手段が違っても、目的は一緒です。坐禅をすること自体が目的ではなく、手段であり方法論です。

私は、縁あって回峰行という行をさせていただきましたが、これは手段です。それで、天台宗というお寺に縁があったということです。

それは方法論の差ですから、私は信仰という言葉のほうが大事だと思います。宗派というのは、その時代、時代の要請に応じて発生してきたものですから。

14 **摩訶止観** 天台宗における『法華経』の三大注釈書の一。中国で天台宗を開いた天台大師智顗の説法を弟子の章安が筆録したもの。天台宗の根本聖典の一つ。

第二章　出家——生い立ちから回峰行入行まで

生い立ち――幼年時代

――縁あって天台宗という話がありましたが、阿闍梨、お生まれは山形市で、昭和二十九年でしたね。十一月七日のお生まれでいらっしゃる。

もう何の値打ちもない日になってしまいました（笑）。昔はソ連の陸軍記念日といって、ソ連邦の成立した日なんです。その日にソ連に行ったら、皆にお祝いしてもらえるのになと思う日だったのですが、ソ連邦が崩壊してしまいましたので、何の価値もない日になってしまいました（笑）。

――阿闍梨の誕生日ということで、特別の日になるのではないかと思いますが（笑）。ちなみに、星座はさそり座ですか。

さそり座のB型で、一番陰険な人間です（笑）。占いの本に、そう書いてありました。何を考えているかわからない人間だ、と。自分の本音がなかなか表に出てこない人間だそうです（笑）。

――ご実家はお寺ではないんですね。

違います。父は元公務員です。うちの兄貴は二人とも公務員です。

――三人兄弟の三番目ということですね。

どうでもいい子です。私なんかはバカバッチと言われていました。私の地方では、末子（ばっし）がだんだんなまって、バッチと言います。接頭語でだいたいバカがつきますから、バカバッチです（笑）。

――それで三人兄弟で、俗名というのでしょうか、コウ、アキラとお読みする。

私は晃です。アキラと読んだら、うちは全員アキラ（長兄・顕、次兄・彰）ですから、ややこしい。

——お兄さんも、先ほど名刺を拝見したら、大学の先生ですね。

東北大学の金属工学科の講師をしていたのですが、現在は宮城高専の教授をしています。

——では高専も金属ですか。

うちの兄貴の専門は塑性力学です。わからないでしょう。

——ちょっとよくわからないですね。

たとえば、机をトントンと小刻みに叩いていくんです。これを叩き続けるんです。そうしたら、いつか壊れます。これを計算するんです。簡単に言うと、そういうことです。こうして何百万回、何千万回叩き続けていると、これは必ず壊れるんです。これを、理論上、計算していくんです。

——それはたとえば金属疲労とか……。

そういうのを理論で考えるのが、うちの兄貴の専門です。

——お父さん、お母さんはまだご健在ですね。

ええ、おかげさまで。

——二番目のお兄さんも、やはり学問関係ですか。

いや、二番目は運輸省に勤めています。横浜にいます。

——ではお役人さんですね。

はい。おやじも文部省の文部事務官でした。

——今も山形にいらっしゃるんですね。

そうです。

――阿闍梨がお生まれになったころ、昭和二十九年というと、山形市といってもまだ小さかったでしょうね。ご実家は山形市の市内ですか。

旧山形市内です。

――そのころの山形市というのは、まだまだ……。

小さかったです。ナンバースクールでも、私たちのころで七中まであったのでしょうか。私は五中ですが、四中と七中と六中というのはもう郊外でした。今は十二まであるようです。

――まだ道が舗装されていないころでしょう(笑)。

いや、私たちのところは舗装されていました。

――小さいころは、川で魚とりとか……。

自慢じゃないですが、私は毎日魚とりに行っていました。それから、学校に遊びに行きました(笑)。小学校のときに、私が夕方、学校で遊んでいない日はなかったというくらい、学校で遊んでいました。名物だったらしいです。学校で遊んでいる。それで、担任が三年生まで女の先生だったのですが、担任の先生にどうも嫌われたようです(笑)。校長先生がよく遊んでくれたんです。私は、校長室でよく遊んでいた覚えがあります。

校長先生が、うちのおじいちゃんの教え子だったんです。うちのおじいちゃんは昔の尋常小学校の校長先生をしていましたから、おじいちゃんが教えた人が、私の小学校の校長先生でした。その校長先生がおりにふれてうちに来るものですから、私にとっては小さいころからのお友だちでした。だから、よく校長室に行って、校長先生に遊んでもらったんです。小学校の校長室はよく覚えています。

――普通、小学校の子供は、校長室にはよりつかない場合が多いですね。

いつも校長室に行って、しょっちゅう校長先生に遊んでもらっていたらしいです。それが担任の女の先生には面白くなかったんでしょう。うちのおふくろに聞いたんです。校長室に遊びに行った覚えがあります。小さいころから、校長室とか教員室とか、全然苦になりません。だって、おじいちゃんの前でぺこぺこしていた人なんですから(笑)。

――おじいさんが、いまお話しになったように学校の先生をしていて、校長までおやりになった。

おじいちゃんは小学校三年生のときになくなりましたが、小学校一年生のころは教育勅語を読まされたんです。毎日、お仏壇の前で教育勅語を読まされた覚えがあります。信じられないでしょう。

――ええ。昭和三十年代の半ばでしょう。ちょっと信じ難いですね。

それを読ませていたほうの人間です。尋常小学校の校長先生です。うちのおじいちゃんというのは、戦争時代に尋常小学校の校長をしていた人間で、それがうちの中に校長先生のまま、生きていたんですから、専制君主みたいなおじいちゃんでした。昔の人には、そういう思い出があるでしょう。

――そうですね。明治の人は威厳がありましたね。おじいさん子だったんですか。

いや、私はおばあちゃん子です。

――教育者の家系でいらっしゃるんですか。

そうですね。おじには学校の先生が多いです。親戚には公務員と先生が多いです。従兄弟でも先生をしているのもいます。だいぶばらけてきましたが、私がお坊さんになって、親戚でほとんどの職業が揃ったんです(笑)。

——家庭的には健康な家庭にお育ちだったんですね。

いや、健康な家庭ではないですね。夜におやじの顔を見たことがないですからね(笑)。

——お仕事で、帰りが遅いんですか。

いや、酒です(笑)。

——そうですか。お仕事の帰りに。

小さいころにちょうどテレビが普及しだして、ホームドラマで夫婦喧嘩の場面があったんですが、家の中で夫婦喧嘩を見たことがありません。私たちが起きている時間にはおやじはいないんですから、夫婦喧嘩のしようがないんです(笑)。

ですから、小さいころ、夜に男親を見たことがない。中学校二年生になって、高校受験の勉強を始めて、夜におやじの顔を見るようになったんです。毎日、十一時前に帰ってくることがないんです。

——それはすごいな。やはりお仕事ですね。

仕事ばかりじゃないみたいですね。どうしてもおやじのはんこがほしいので、五時過ぎに、大学に電話をかけたことがあるんです。もう出ましたと言われました。五時五分くらいです。今日は早く帰ってくるのかと思ったら、なんの、帰ってきたのは十二時でした(笑)。

ですから、男親がいないというのが当たり前で育っているんです。長男のお嫁さんが結婚したころ、兄は毎日、夜十時過ぎないと帰ってこないので、ずいぶんそのことで悩んだらしいです。義姉のお父さんは、五時半になったら必ず家に帰ってくるお父さんだったんです。兄と結婚して、すぐ子供ができましたので、兄はうちで勉強できないので、夜遅くまで帰らずに学校で勉強していたんです。だから、私の生い立ちを説明しました。うちの男親は帰ってこない(笑)。それが当たり前に、育っています。

だから、信者さんにも言うのですが、子供を育てるときに、夫婦の問題は夫婦の間で話し合ってくださいと言います。今よくある問題が、奥さんが家に残って、子供に旦那の愚痴を言う。普段愚痴を言っていますから、たまに子供にトラブルがあったときなどに、父親が出てきて文句を言っても、いつもミソクソに言われている旦那ですから、何の利き目もないんです。私たちが幸せだったのは、うちのおふくろにおやじの悪口を聞かされたことがないんです。夫婦の問題は夫婦の間だけで話すべきことであって、子供に教えることではないんです。私はうちのおふくろにそれをされたことがないんです。

おふくろも、全然帰ってこないようなおやじですから、非常に不満もあったでしょう。大きくなって、酒を飲んで話すと、うちのおふくろも家出をしたり、里に帰ったりして、うちのおやじが迎えに行ったりしているのですが、そういうのは私たちは全然知りませんでした。

夫婦の問題を子供に全然教えていません。夫婦の問題は、夫婦だけで処理してくれています。私たちは、おやじが全然帰ってこない親でしたが、それを当たり前に育てられました。ですから、おやじに対する権威というのは常に残っていたんです。おふくろから、おやじの愚痴を言われたことがないです。

信者さんなどにも、子供には旦那の愚痴を言わないようにと言っています。夫婦の問題は夫婦の間題、子供の問題は子供の問題として話しなさい。

また、私は男ばかりの三人兄弟でしたが、私たちは親に比較されたことがありません。私が接しているのは全部おふくろですが、おふくろから、兄弟間で成績を比較されたことがない。ただ、近所のおばちゃんとか、周りから比較されました。兄弟三人が三人とも性格が違いますし、うちの親は三人を別々に育ててくれていました。そういうことをよく信者さんに言うんです。親が子供を比較しては駄目。お兄ちゃんはできたのに、あんたはできないと言ってはいけない。子供は親に認めてほしいとそれぞれに努力をし、それなりに競争しています。ですから、その競争をしているのに、結果ばかりをみて、親が優劣をつけてしまってはいけない。

よその人が言う分には、しょうがない。私たちはさんざん隣近所のおばちゃんに言われました。「喧嘩ばかりしてしょうがない。この野郎」と言われたくらいです(笑)。うまいこと言うなと思いました。こんなことを言われたと言ったら、それを聞いてうちの親が感心していました。上から顕(けん)、彰(しょう)、晃(こう)でしょう。「ケンかばかりしてショウがない。コウの野郎」と小さいころ言われたんです(笑)。

ただ、親にそれをされたことがないんです。そういう意味では、今の私があるのは、親に教育された部分というのが非常に大きいんです。半分以上おふくろです。ですから、おやじの権威は、常にいくつになっても残っていました。そういうことを信者さんなどに機会があれば話させてもらっています。親が子供を比較したのでは、子供は居場所がなくなってしまいます。それぞれに個性があるのですから、それぞれの個性に合ったように、育ててほしい。

また、世間でよくみられることで、気になるのが、子供が悪いことをした時、注意する母親の言葉使いです。だれそれさんが怒っているからやめなさいとか、三人称で言っていることです。これでは、親自身ではなく他人が怒っているからということで、親の目の前だけでいい子供としてふるまいことになります。このようなことをくり返していたら、親自身はその行為を悪いとは言ってないことは気がつかれなかったら何をしてもいいというような考えを子供が持ってしまいます。子供に注意したり、叱ったりすることは親の価値観を子供に伝えるということですから、はっきり一人称で感情に左右されず、理性を持って諭してほしいですね。自分自身の言葉で、いいことをしたらほめる、悪いことをしたら叱る。これが真の親の愛情だと思います。

——神社が近所にあって、そこでよく遊んでいたという話を聞いたのですが。

そこらじゅうで遊んでいました。ただ、あまり人と遊んだことはありませんでした。一人で遊んでいました。人と遊ぶのは面倒臭いという部分がありました。遊びの内容によっては、友だちの中に入りましたが、ほとんど一人で勝手に遊んでいたんです。根っからの勝手ものです。

——学校で一人というと、たとえば。

いろいろなことをして遊んでいました。その遊びの内容に応じて、友だちの輪にも入っていった。基本的には集団が嫌いです。必要に応じて集団に入る。あと小さいころから自分より年上の人とよく遊んでもらいました。あまり同じ年の人間と遊んだことがない。いつも年上の中に入っていって遊んでいました。

——勉学のほうはどうだったんですか。

どうでしょうね。兄たちと比較したら、情けないような成績ですが。義姉が感心していましたが、長男の成績は、幼稚園の入学試験から、成績表が全部とってあります。簞笥の引き出しに、長男の分、次男の分、私の分と、みんな入っていました。母子手帳から、生い立ちが全部入っていました。私がいま家に帰ったら、家にあります。母子手帳から、幼稚園の成績表、小学校から中学校までの全部の成績表があります。

——それはお母さまがとっておいたんですか。

そうです。三人別々に、ちゃんととってありました。それで、長男と次男が結婚したときに、義姉にそれを渡しています。

ですから、私たちはそれがいつでも自由に見られた。長男の成績表を見ては、自分の成績表を見る。うちの長男の小学校の成績は、体育が三だけで、一年生から六年生まで、五だけです。何も面白くないです。ずっと五で、何の変化もないんです。長男は四をとったことがない。体育だけ三です。上がることもなかったけれども、下がることもない。めりはりのない人生です(笑)。私たちは努力したら上がるし、横着したら下がる。事実が記録として現れていますが、長男は何もない、ずっと全部五です。

——子供のころの思い出といいますと。

子供のころの思い出というのは、長男に怒られた思い出とおふくろに怒られた思い出、二回しかありません。

——お兄さんに怒られた。年はいくつ違うんですか。

五つです。普通は兄弟喧嘩といったら、上が怒られるでしょう。うちは長男は絶対に正しいですから、上は怒られません。私が悪いんです。

——普通と逆ですね。

普通の兄弟喧嘩というのは、上が下を怒って泣かせたら、上が怒られるでしょう。うちは怒られないんです。長男は正しいんです。長男の言うことは正論です(笑)。私の家は、おじいちゃんが存在したおかげで、一時代前の家庭でした。

私は小さいころに肉が嫌いだったんです。ものすごい偏食だったんです。それこそ梅干しと納豆と漬け物しか食べなかったんです。ご飯を食べるのに、梅干しを五個ほど食べたんです。それで、長男に、食べ過ぎだと怒られたことがあります(笑)。

——梅干しというのは食べさせられたものですね。

梅干しというのは、土地によって違うのでしょうが、山形では梅干しに砂糖を入れるんです。梅干しを漬けるでしょう。それに砂糖を入れるんです。それで汁が上がってくる。汁が減ると、砂糖を足すんです。そういう土地柄ですから、梅干しに対して酸っぱいというイメージがないんです。甘酸っぱいという感じです。とにかく梅干しが好きで、一食に二個も三個も食べていた。四個か五個食べて、怒られたんです。それで一回怒られた覚えがあります。

あと、小さいころに次男と一緒に魚を釣りに行って、おふくろに言われた時間に帰ってこなくて怒られたことがあります。それがおふくろに怒られた思い出です。注意されたことはありますが、怒られたことはないんです。一回だけ、おふくろとの約束を守らずに、言った時間に二人して帰ってこなかったんです。それで怒られて、入り口を閉められた覚えがあります。ただ、おやじが帰っていませんので、玄関が開いていましたから、玄関から入りました(笑)。
古い家ですから、当主以外は裏口から入るという家でした。当主は玄関から入る。だから、おじいちゃんとおやじは玄関から出入りしている。それ以外は全部裏口から出入りしていたんです。私などは、玄関から入ったことがないです。

——玄関はほとんど使わないですね。必ず皆、裏からですね。

ですから、おふくろに裏口を閉められてしまったんです。それで兄貴と、困ったんです。それで、まだおやじが帰っていませんから、玄関からすっと入ったんです。玄関から入るというのは、ものすごい勇気がいるんです。怒られた覚えというのは、それしかありません。

——ということは、ほかは何時に帰ってきますと言ったら、ちゃんと帰ってきたということですか。

いや、帰ってきませんでした。ただ、何か用事があって、そのときに限って時間を切られたんです。ほかに何か用事があったはずです。私は小さいころから、朝出たら、夜まで帰ってこないという人間でした。五つくらいのときから、そういう生活をしていたんです。朝、家を出たら、夕方まで帰ってこない。どこかでご飯は食べているんだそうです(笑)。

——学校に行くわけですね。

いや、学校に行くわけではない。五つですから、学校に入る前です。幼稚園に入ったころから家にいませんでした。朝、出かけたら、夕ご飯まで帰ってこないという生活でした。どこかに行って遊んでいたらしいです。最初のうちは大騒ぎをして探したらしいです。鉄砲玉です。
一度、小さいころに、伯母の家のところまで行って、そこから先まで歩いていって、魚釣りをしているおじさんの足元にちょこんと座って、一日その魚釣りを眺めていて、おじさんにパンをもらってお昼を済ませた覚えがあります。朝出てしまったら、どこで食べているかわからないという子供だったらしいです。幼稚園のころにすでに放浪癖があって、出たら、出たっきり帰ってこなかったようです(笑)。

思春期に考えたこと——中学・高専時代

——中学校は地元の公立の中学校ですか。

そうです。

——初恋なんていうのは中学のころですか。

ないですね。中学校の文集に、中学校では友だちはいらないと書いて、怒られました(笑)。中学校では、自分と価値観を共有できる友だちはできない。だから私は高校か大学に入った時点で、自分の一生つきあえる友だちを作ると文集に書いて、怒られました。中学校では、レベルがばらばらでしょう。その中で自分と価値観を共有できる友だちはできないだろうと。

それで高専に入って、何人か友だちができました。同じレベルでものごとを考える人間です。高校の段階というのは、だいたいレベルが揃ってきます。だから、自分と価値観が同じような人間が出てくるわけです。その段階まで私は友だちはいらないと、中学校の文集に書いていました。変わっていたんでしょうね。

――中学のころは、もっぱら何をされていたんですか。勉強ですか。

何をしていたんでしょうね。ひたすら遊んでいたような気もします。

――遊ぶことは結構あるでしょうね。

自分がしたいことだけしていました。あと、クラブで体を傷めましたから。

――クラブは何をなさっていたんですか。

体操部です。体操で、宙返りで失敗してむち打ちになりました。

――運動神経はよかったんですか。

何でもそこそこしますが、うまいというのはないです。ある程度はできます。首が悪くて、腰も打ってヘルニアもやっていました。短距離はそこそこ速かったです。二百メートルの記録は、陸上部の次に速かったです。あのころは瞬発力があったんですね。何が嫌いといって、マラソンが一番嫌いでした。性格的に向いていない。走らなくてもいい体操部に入ったんです(笑)。

――こういう方が、のちに回峰行をなさるわけだから(笑)。小さいころから、自分自身で何かをする……。

自分で決めて、自分が決めたようにしか動かなかったです。

――孤独に耐えうるんですね。

ですから、人と一緒に何かしたということはないんです。友だちというのは、自分が必要なときに応じて使い分けるというところがあったんです。それで、魚釣りに行くときの友だち、基本的にはこれしかありません。ほかの友だちというのはないんです。魚を釣りに行くときに、いつも一緒に行っていた友だち、これしかないんです。高専の時代までは、ほかの友だちはあまりいませんでした。あとは本当に気の合う友だちが二人ほどいるだけです。

――普通の高校へ行くか、高専へ行くか、いろいろな判断があったなかで、高専を選ばれたというのはどういうことですか。

別に。受けて、受かったから行っただけです。

――鶴岡工業高専ですね。

人生設計がありまして、中学校二年生のときに、高専がいいなと思ったのは、二十歳で卒業して、二十五で結婚して、三十までに子供を三人作って、五十で一番下が二十歳になる。親の責任は二十歳までですから、五十二で一番下の子が大学が終わるわけです。そうしたら、五十二から自分の好きなことをするという人生設計を、中学二年のときに立てたんです。それで高専に行こうと、中学校二年のときに思っていたんです。

ところが三年生になったときに、春ごろには、やはり大学に行って、大学できちっと勉強をしたほうがいいなと思って、高専に行くということをすっかり忘れていたんです。長男が大学に行きましたし、やはり大学に行って勉強したいと思っていました。ただ、受験のシーズンになったら担任の先生が、お前、高専を受けると言っていたから、一回受けに行ってこいと言われたんです。それで受けに行って、受かったんです。そうしたらもう緊張感が切れてしまいまして、行こうということになってしまったんです。

――でも、そういう人生設計を中学のころに考えていたというのはすごいですね。

真剣に考えていました(笑)。その意味では、面白いのかもしれませんね。

中学校二年生のころだと思いますが、人に腹を立てるということは、人の非を責めることである。だが、自分が完全でないのに、人の非を責めることはできないというふうに考えたんです。人に対して怒らないようにしようと、中学校二年生のときに始めたんです。だから中学校二年生のときは、ほとんど人に対して怒っていませんでした。ときどき何かのかたちで発散していましたが。中学校二年生くらいのときに、なにか知らないけれども、そういうことを考えていたんです。

ですから、友だちはいらないとか、自分が完全でないのに、人に対して腹を立てる資格がないとか、そういうことを考えて、そのころから人に腹を立てないように、怒らないようにというトレーニングをしています。

——なにか、そういう契機になった書物とかがありますか。

あったんだと思うのですが。たくさん読んでいるんです。中学校二年生くらいまでは、ものすごく本を読んだんです。図書館の本をほとんど読んだような覚えがあります。

——ということは、分野もいろいろですね。

私は、最初は童話で始まって、純文学は嫌いでした。中学校くらいのころまでは、ほとんど推理小説でした。

——高専へ行かれたということだから、理数系は強かったわけですね。

もともと頭は理数系ですからね。数学は好きでした。受験勉強をしたというのは、数学だけです。

——すぱっすぱっと、答えがあるほうがいいんですね。

答えがないと嫌だった。こっちでもいい、あっちでもいいという答えは嫌いでした。

でも、人に腹を立てないようにしようと思ってトレーニングをしたということは、いい面もあるし、悪い面もあります。人を責める前に自分を責めようとしたときもあります。なんであんなことを考えたのか、いまだにわからない。ただ、高専に入ったときは、それを完全に実行していました。

――実行していましたか。そこがすごいですね。

怒らない。怒ったのは見たことがないといわれてました。今でもめったに怒りません。

――怒らないというのは、初めから怒らないんですか。怒るんだけれども、抑えているんですか。

人に必要以上の期待をしない部分もあります。だから、小僧さんに対しても、自分の能力で教えられることは教える。それで、上がってくるものはいい、上がってこないものはいらないという、非常に冷たい部分もあります。

――内心、怒ることがあっても、それを抑えてしまう。

何か別の方法で発散していました。高専のころは、同級生に腹が立つことがあったときは、たいてい単車を飛ばしていました。暴走族です。別にスピード狂ではなく、ただ人の後ろを走るのが嫌というだけです(笑)。前に車がいたら、追い抜かないと気がすまない。

――それは立派なスピード狂です(笑)。

いや、スピードは出さない。単車に乗っていたころでも、百キロ以上出したことはありません。道路を走るのでも、いつも八十キロ。追い越しもかけなければ、何もしない。とにかく道路の真ん中を八十キロで走る。そのまま車を抜いていきます。対向車が来ても、平気でセンターを走っているわけです。避けてくれるだろうと(笑)。ほとんどゴーイング・マイウェイです。

――仏教で和顔愛語（わげんあいご）と言いましたか、柔和な顔立ちと優しい言葉づかい、それを実践していたわけですね。

知らずに実践していたんでしょうね。いつも笑っているので、平和そのものでした(笑)。

中学の二年生のときの女の先生に、勉強の面でものすごくしごかれたんです。その先生に言われましたが、自分の長い教師生活の中で、あなたは変わっている。今まで預かった子供の中で、私がいちばん人の性格を見抜くのが上手だと言っていました。人のいいところ、悪いところを見るのがいちばん優れている。だから、あなたは勉強して検察官になりなさいと言われました。理系が好きでしたから、そっちには進みませんでしたが。今まで預かった子供の中で、人を見抜くのがいちばん鋭いと言われました。

悪いところも見えるかわりに、いいところも見えます。ですから、人のいいところを見ようとしました。人の悪いところばかり見ていたら辛いですよ。人のいいところ、悪いところをすぐ見抜いてしまうというもともと持っていた素質がありますので、悪いところが見えるということは、その裏返しでいいところが見えるわけです。

ですから、同級生に対しても、腹を立てないように、常に相手のいいところを見るように習慣をつけて行動した。常に相手のいいところを見る。こういういいところがあるんだ、だから、この悪いところには蓋をしようという部分は、ずっとありました。人に対して、常に期待している部分があった。こうしてやったら、こうしてくれるのではないか。

もともと自分の持っている性格、自分で作った性格、親に作られた性格、いろんな性格がつながっているところがあります。基本的に人に対してものすごく批判的な性格を持っているわけです。人の欠点を見るのが上手なものですから、人を非難していたんです。その非難していることが辛くなって、いいところを見るように変えていったんです。だから、人のいいところを見るのは、自分で作った性格です。悪いところを見るのは、もともとの性格です。それがいつもせめぎ合いをするんです。いま私は人に対してはプラス思考で、いいところを見ていく。

私はもともとは短気です。根が短気で、筋の通らないことに対してはものすごく反発するという、批判的精神が旺盛なんですよ。とにかく上にかみつくという性格です。そういうもともと持っている性格、これでは人生が辛いものですから、それを直そうというので自分で作った性格、あと親に作られた性格、自分で多重人格と言っていますが、多重人格のところが多分にあります。自分で作った性格だというのは、こうあるべきだと振る舞うところがあるわけです。あと自分が本質的に出したいところがあって、そのせめぎ合いがある。

中学生のころは、それをさんざんやっていて、どの自分が本当の自分かわからない部分もありました。ですから、小さいころから、常にもう一人の自分が自分を見ていて、批評しているというところはあります。

——そういう自己反省があって、高専に行かれた前後から、それを実践していたというのはすごいですね。当たり前だと思ってやっていたんでしょうね。私がどういうふうに見えていたかというのは、自分自身ではわかりませんね。友だちに聞かないとわかりませんが、ただ、感情を全然出しませんから、何を考えているかわからないという部分はあったと思います。

高専のころには、人の行動によって自分の感情が左右されないというふうになっていました。人の言動では全然動かされないで、ゴーイング・マイウェイで、自分の決めたようにしか動きませんでした。人が何を言おうと、どう動こうと、マイペースでしか動きませんでした。全寮制の学校で、全員一緒の寮にいましたが、そういうかたちで自分を守っていました。

だから、何を考えているか、わからない人間だったのではないでしょうか。変わったやつだったんでしょう。本人は何も変わっているつもりはなかったんですが。

——全寮制だったんですか。

高専というのは、一年生、二年生は全寮制の学校が多いですね。三年ぐらいから自由。私の同級生で、寮の下に家が見えるやつがいました。部屋は最初は八人部屋でした。二年生で四人部屋になって、三年生で二人部屋です。個室でおったということはないですね。

——高専では、価値観を分かち合える友だちができて……。

できてというより、選んだということですね。

——今でも行き来はありますか。

ここに小僧に来てからも足を運んでくれたのは、いつも魚釣りに行っていた友だちぐらいですね。その一人だけです。私がこういうかたちで世間的に評価される立場になりましたから、それはものすごく喜んでくれています。自分の嫁さんにも、わしの友だちやと自慢するぐらいです。ただ、住んでいる世界があまりに違いますからね。

なかには、私がお坊さんをしていること自体、本当にお坊さんかと疑問を持っている連中がいます。延暦寺一山（いっさん）の住職になって、そのころジープに乗っていましたが、家に帰ったときに、ジープに乗って友だちの会社に行って、おい、元気かいと言うと、お前、本当に坊主かいと言われました(笑)。法衣を着ないで、普通の服ですからね。

——単車は好きでばんばん乗っていたんですか。

基本的には魚を釣りに行くために買ったんです。

——魚釣りというと、海ですか。

海も山も、魚のいるところはどこでも釣っていました。水たまりに竿をおろしたりしていました(笑)。これは釣りの好きな人間でないとわからないんです。水たまりを見ると竿がおろしたくなる。人が竿をおろしていたら、必ずのぞきたくなる。これは魚釣りの心情です。

中学生のころは、朝の二時ごろから自転車で二時間もかけてポイントに行っていたんです。そうすると四時半ごろになると、おっちゃんが単車でビューッと走ってきまして、そのおっちゃんによくポイントを取られました(笑)。単車が乗れる年になったら、単車の免許を取って釣りに行くんだというのがずっと頭にあって、そのために単車を買ったんです。基本的には釣り一本で生活していました。

川を見ると、魚がいないか、魚影を探しています。これは魚釣りの習性ですね。こちらのお寺に世話になるときに、もう魚釣りはしないんだと竿は全部納めてきました。一大決心ですけどね。

出家の前後

——高専のころの将来設計は？　高専に入ったころから出家しようと考えておられたわけではないですね。

全然ないです。

——どういうきっかけですか。

比叡山には遊びに来たんです。京都のお寺の庭を見にきたんです。その頃はお金がありませんから、うちの親がお参りに行っている山形のお寺さんに比叡山のお坊さんを紹介してもらって、お寺に泊めてもらって、毎日、京都の神社仏閣の庭を見に行ってました。きちんと見たら一日に三ヶ寺ぐらいしか見られませんから、一週間ほどかけて、京都の有名な神社仏閣の庭を見て歩いていたんです。

その間、お世話になっていた延暦寺一山の住職と一緒に、ある朝、坂本にある東照宮を参拝し、その帰り路に、ある里坊でお茶をご馳走になったんです。そこで、「お前、山に上がってこい」と言われまして、ここに上がってきたんです。それで、のちに師匠となる光永澄道阿闍梨[*15]としばらく話をさせてもらって、「小僧の手伝いをしてくれたらいいわ」というので、一晩、昼ころから小僧の手伝い、お堂の掃除とか、まき割りをして、朝の掃除の手伝いをしましたが、こんなところに二度と来るもんかと思いました(笑)。こんなところかなわんというので、次の朝、「どうもお世話になりました」と帰りました。

——それは高専の三年のときですか。

三年生から四年生に上がる春休みです。そのときに、京都で桜を見て、静岡で桜を見て、東京で桜を見て、山形で桜を見ました。桜前線の北上とともに山形に帰りました。

——そのときは、いらっしゃったけれども、そのまま帰られた。

かなわんと思って帰ったんです。そうしたら、師匠から山形のお坊さんを通じて、私に弟子に来ないかという話が来たんです。見込んでもらったんでしょうかね?

——当時の晃少年を光永澄道阿闍梨さんが……。

そうです。私はここに座って、師匠がお茶を入れてくれましたが、非常においしいお茶でした。それと、生まれて初めて男の人と会って怖いと思ったんです。それまでの自分の人生で、怖いと感じた人間はなかったんです。ところが、師匠の目が厳しかった。この人、怖い人だなと思った。師匠に対するイメージはそれです。師匠は非常に怖い人だ。今でも怖いです。自分が十八年生きた人生で、師匠は怖いと感じた初めての人間です。怖いというか、厳しいというか、そういうイメージでした。この人は厳しい人だというイメージで帰ったんです。

話があって、坊さんになってもいいかなと思いましたが、おふくろは本人の意志など確かめず二つ返事で、お願いしますというので、本人の意向なしです(笑)。なんだかんだやっているうちに、五年生の春から就職のことをしなければいけませんから、四年生の秋ぐらいに決めたんですかね。四年生の春休みに来て、お坊さんになれと言われたんですが、決めずに、四年生の夏休みにまたここに遊びに来たんです。

——まだ決心はついてなかった。

こういう生活は嫌いではなかったですからね。基本的に人の海は嫌いで、団体というのが嫌いです。山の中は好きですし、環境的には嫌いではない。ここに来て小僧の手伝いをするのは、全然苦になりませんでした。だから、それからは、冬休み以外は、休みのたびに来ていました。四年の春と夏、五

15 **光永澄道大阿闍梨** 現、伊崎寺住職。著者光永覚道の師僧。昭和四十五年、千日回峰行満行。北嶺大行満大阿闍梨。

年の春と夏、四回来ていたんです。

――引かれるものがあったんですね。

五年の春に来たときはもう決めていましたから、四年の夏にここで世話になって、決めて、たしか帰って、お坊さんになると親に報告していました。ただ、そのときに師匠は、四年が終わったら来いと言われました。しかし、私は自分で決めて高専に入ったんだから、けじめをつけなければいけない、卒業してから入れてもらいますということで、高専を卒業してからこちらに来たんです。自分で目的があって高専に入っていますから、それを途中で変えるということは中途半端になるものですから、きちっとけじめをつけなければいけない。それで高専の卒業まで待ってもらって、こちらに来たんです。

だから、三月二十七日の日に来て、その次の二十八日に、私は得度しているんです。

――昭和五十年、一九七五年に鶴岡高専を卒業なさって、その年に出家なさったわけですね。

三月二十日が卒業式で、荷物をまとめて家に帰って、二十四日に家を出て、二十五日に横浜に泊まって、二十六日に近江舞子に泊まって、二十七日の朝に上がってきて、二十八日に得度しました。二十七日に山に上がってきたんですが、小僧も手伝いの人も、誰も私のことを知らないんです。髪が肩までありましたからね。

――長髪だったんですか。

そうです。今よりもっと髪が多かったですがね(笑)。上がった次の日には得度しています。手続きは全部済ませて、準備万端整えて、得度式をするだけだったんです。たしか卒業してから一週間で得

師僧・光永澄道大阿闍梨と

度しているんです。

——お父さん、お母さんは、それでいいわけですね。

おやじは頓着しないほうで、何も言いませんでした。私がお坊さんになることが決まったら、おやじが一言、「一人ぐらい、お坊さんがおってもいいやろう」。そんなもんですよ(笑)。何も言いません。

単車を買ったときも、おふくろには、単車に乗っている限りは絶対に事故を起こさないということはありえない。もしお前が死んで相手が助けられるんだったら、お前が死んでもいいとおふくろは言っていました。私は単車で人身事故を起こしたんです。そのときも、その言葉がよぎりました。止まりきれず、ガードレールに単車をぶつけて、ころがっていって、相手の方にぶつかってしまった。とにかく自分で責任が取れないんだから、自分が死んで相手が助けられるんだったら、自分が死ねばいいとおふくろに言われました。

おやじは、「単車買ったのか」。これでおしまいです。普通の親だったら、気をつけろとか何か言うでしょう。気をつけろの一言もないんです。新しい単車を家に持ってきて、おやじの見えるところに置いておいたら、おやじは「おお、高いおもちゃを買ったな」。気をつけろとか、普通のおやじらしい言葉を期待したんですが、何もないんです。「おお、高いおもちゃを買ったな」。何か言えというんです(笑)。

——それは自分のお金で買ったんですか。

そうです。アルバイトをして半分ぐらい頭金を出して、あとは月賦を組んで知らん顔をしていましたが、おやじが払っていました(笑)。だって、私は家が山形で、学校が鶴岡ですから、家にいないんです。休みに帰ってきて、頭金を払って、ローンを組んで、そのまま学校に行ってしまう(笑)。だから、あとのお金はおふくろが払ったんでしょう。ほとんど自分のアルバイトで払ったんですけどね。

——お母さんは、出家なさることは二つ返事だったわけですね。

そうです。おふくろは、「こんなにいいご縁はない」。それでおしまいでした。

——お母さんは信心深い方ですか。

そうです。ここのご縁があったのは、おふくろや伯母の信仰の関係ですからね。

——天台宗だったんですか。

天台宗です。

——そのときは回峰行はご存じなかったんですか。

全然。だいたい比叡山が天台宗だということさえ知らなかった。何も知らなかった。比叡山が天台宗だということも知らずに、小僧で働いていた。気楽なものでした(笑)。よく言う人がいます、「憧れだけでは坊さんにはなれません」(笑)。はっきり言って、憧れは何もないんです。

よく言うんですが、私は高専に入った時、自分の人生のレールが完全に敷けたんです。高専に入った時点で、周りの同級生のレベル、友だちで大学へ行ったレベル、自分が会社に入ったときのポストまで全部予測できたんです。この高専に入って、どのくらいの会社に入って、どのくらいのポストまで上がって、最終的にはどのくらいの給料がもらえるかという、人生の先読みが完全にできたんです。自分の一生のレールを完全に敷けたんです。

そこに、お坊さんという話があったとき、全然、先が見えませんでした。全く先が読めない世界でした。その先が見えないのが、私は面白いと思ったんです。エンジニアの自分の能力というのは、中学の成績、高専の成績、周りの連中の成績から、予測がつくわけです。同級生でものすごく頭の切れるやつがいて、全然、勉強しないのに、一回で全部覚える。

——そういう人がいますね。

つくづく思いましたね。長男は頭がいいけど、こつこつ勉強しているのだから、頭がいいのは当たり前だと言うんです。高専に行ったら、毎日こつこつ勉強しているのに、私より頭の悪いのがいました。こいつ何を勉強しているのかと思いましたが、その反面、何も勉強しないのに全部九十点以上取るやつがいる。単語でも何でも、一回で全部覚えてしまう。そういうずば抜けたやつを見てしまいました。ですから、自分のレベルがわかるわけです。高専に入って半年ぐらいで、エンジニアとしての自分の一生が全部わかっていたんです。だから、完全に先の読める人生でした。自分の一生、それこそ死ぬ間際まで描けるような状態でした。

お坊さんになれという話があったとき、それは自分の未知数の世界でした。はっきり言って、お先真っ暗でした。ただ、自分の努力しだいで何とでもなる可能性のあるレールでした。お坊さんの世界というのは、先が全然見えない。可能性もあれば、真っ暗でもあって、いいのか悪いのか、全く予測のつかない世界でした。そこで、予測のつかない人生に引かれてしまいました。

私は、千日回峰行に入るまでは、どう転ぶかわからないという状態で、ずっと積み上げてきていました。私が交衆生(きょうしゅうせい)に入った頃から、師僧がおさめた千日回峰行を、弟子である私もかなうならばさせていただきたいと思い、折にふれ、千日回峰行をしたいという意思表示はしてきました。そのために自分でいろいろ考えて行動しました。要するに、レールを敷くために枕木を打ち続けたわけです。そういう行動はしてきました。

先の見えない世界、ある意味では可能性が無限大に広がっているほうに魅力を感じてしまった。人生は冒険ですよ。そういう部分があって、お坊さんになっていくわけです。だから、私は職業選択の自由だと言っています(笑)。

——お師匠さんは、一晩だけ来た阿闍梨を見て、小僧になれとおっしゃったわけですね。初めて会われてそういうふうに言われたということはすごいことですね。

ただ、師匠も失敗したと思っていた時期があると思いますよ(笑)。全く師匠の言うことを聞かない弟子でしたからね。ともかくマイペースなんです。師匠は、毎朝、「ああせい、こうせい」と言います。私は、師匠がいくら言っても、自分の決めた仕事しかしないんです。今はこっちの仕事が優先だと思ったら、師匠がいくら言っても、そっちの仕事をしてしまいます。私は怒られるのが仕事みたいなもので、顔を見たら怒られていました。師匠にとっては、何を考えているかわからない、とても言うことを聞かない弟子でした(笑)。だから、師匠にとってはたちの悪い弟子でした。大きなところでは言うことを聞いていますが、細かいところで、師匠が何をしろと言っても、自分がしないでいいと思ったらしませんでした。怒られたら、頭を下げればいい、安い頭だと思っていましたからね(笑)。ひどい弟子です。

——出家、得度なさったのは二十歳ですが、通常の場合、二十歳というのは遅いんですか。

坊さんとして一生やっていくには遅いですね。

――普通はもっと早いんですか。

十五、六歳でするのがいちばんいいでしょうね。お坊さんの世界でいったら、私はぎりぎりですね。世間に出てしまうと、世間のあかがついてしまうということがあります。その意味で、私は幸せだったと思います。世間にいたら、どうしても世間のあかがついてしまう。私たちがいくら努力しても、寺の子供として育ったのを羅睺羅と言いますが、羅睺羅には勝てないところがあります。いくら頑張っても、寺で生まれ育って、仏さんを当たり前に見て、仏具を当たり前に見て、仏飯で育った人とは、どうしても埋められない差があります。

それは三年籠山行に入って、つくづく思いました。羅睺羅には絶対に追いつけない部分がある。私たちみたいに在家から出た人間は、お寺で生まれた人間の倍の努力をしなかったらお坊さんになれない。同じようなお坊さんだと思うのは基本的に間違いです。

――ただ、私たちから見ていますと、在家から出たお坊さんのほうが……。

お寺に染まっていないので、いい部分もあるわけです。

――阿闍梨が得度受戒なさって、三年籠山行に入られるのが七八年ですね。その間、三年間ありますが、やはり準備期間があって三年籠山行に入るということでしょうか。

得度して三年という決まりがありました。今は得度して五年です。私たちのときがちょうど三年が五年に変わったときだったんです。師匠が私を預かるときに、三年たったら、三年籠山行に入れるという約束をしていたんです。それで、自分はそういうことでこの子を預かったということで、三年籠山行に私を入れてくれました。

一山会議に出たことがない師匠が一山会議に出ていって、意見を言って、私を入れてくれました。私は預かった責任があると言ってね。

——そういう方は少なくなったですね。みんな決まりは決まりだと言う。

師匠がそういうかたちで言ってくれたから、即三年で入れました。ですから、私の一年あとに得度した方は、丸々五年たってから入っていますから、住職になるのは私とだいぶ差が開いてしまいました。年は私より上ですが、私の半年遅れでここに来たんです。それで、丸一年遅れで得度しました。それも考えて、四月一日の時点で、得度して三年以上たっていないと駄目ですから、三月がぎりぎりなんです。それで、私は三月二十八日に得度させてもらったんです。実際には、そういう制約が多いんです。いろいろな決まりごとがあって、クリアしていかなければいけないことがたくさんあるんです。そういうものを考えていくと、年齢的な拘束は非常に多くなる。

ただ、二十歳で来たときに、高校生で小僧に来た者がいましたが、自分の考えがしっかり定まっていないうちにお寺に預けられるのは、かわいそうだなという意識がありました。ですから、いま私の弟子で高校生の子がいますが、私は預かるのに躊躇しました。本当に自分の考えでお坊さんになりたいと思って来ているんだろうか、という意識はありました。

私の親はある意味でシビアな親で、私は最終的には自分で決めて来ていますから、ここが嫌になって家に帰っても家に入れてくれるような親と違いますから、私は後には引けないわけです。その意味では、私は乗りかかった船だから、沈もうと何しようと乗ってなければいけない。辛くて嫌だから帰らせてくれと言っても、家の敷居をまたがせてくれるような親とは違うんです(笑)。一人前になるまで帰ってくるなという親です。

——小僧さんの生活というのは、厳しいわけですね。

最初の一週間だけですね。最初の一週間は辛いなと思いましたが、その間にふっ切れました。

——小僧さんになると、その日から五時起きになるんですか。

そうです。情け容赦なしです。特別待遇はありえません。ですから、いまうちで預かっているのも、みんなそうしています。

——でも、だいたい一週間ぐらいで体は慣れますか。

体が慣れる前に、気持ちの整理ですね。ここで頑張らなければいけないという気持ちの整理です。

——一週間というのは早いですね。

家の性格上、逃げることができませんからね。おめおめ帰ってきて、許してくれるような親とは違います。小さいころから育てられていますので、うちの親がどう出るかというのは予測できますからね(笑)。それこそ故郷に錦を飾るまで帰ってくるなというものです。それを言ったとおりに実行してきた親です。次男のときも、大学受験に失敗した時予備校に行って勉強したらどうだなんて一言も言いませんでした。甘さがある親だったらいいんですが、甘さが全然ありませんでした。

——三年たったら帰っておいでとは言わないわけですね。

そんなこと言ってくれるとは思えませんね。辛かったろうと言うとも思えません。内心は心配していましたけど、それを口に出すことはありませんでした。

——小僧さんの生活というのは、基本的には見習いというかたちですか。

いい言葉では下座行（げざぎょう）と言いますけど、下働きですね。

――それはどのくらい続くんですか。

個人差があります。なかには、一生、小僧として師匠に仕えられた方もおられます。住職にもならずに、そんな方は珍しいですけどね。へたをすると住職さんよりも住職然としておられたように見えました。

三年籠山行に入る

――三年籠山行に入られた時点で、回峰行者になろうということは、お考えになっていらっしゃいましたか。

できれば。自分がしたいと思ってもできる行ではないです。皆さんに納得してもらわないとできません。無動寺谷の谷会議にかけて、谷の住職全員の承認をうけないとできません。ですから、皆さんに評価してもらうように振る舞った部分はあります。いまから思えば非常に無謀だったんですが、私は交衆生の頃、文書で住職と喧嘩をしています。その時は筋が通らないことと思い、今、思えば、非常に無謀なことをしていました(笑)。

私はもともと批判的な性格がありますから、その批判的な性格と人に角を立てないようにしようという性格と出たり入ったりします。ただ、基本的に筋の通らないことが嫌いという根本的な性格がありますから、立場を忘れて上にかみつくこともあります。この世界は、師匠が白いものを黒だと言ったら黒だと答えなければいけない世界ですが、それがわかっていてもかみつくところがあります。頭ではわかっているんだけれども、気が許さんというやつです(笑)。それで、何回か失敗していますけどね。

どこまで責めていいのかというのは駆け引きで、それは中学生のころからさんざんやりましたので、うまいんです。

占いで、宿命と運命というのがあるんです。それを言葉で先天運と後天運と言いますが、生まれながらに背負っている運が宿命です。ところが、人生というのは宿命だけではなく、後天運といって後で回ってくる運があって、それが運命です。運命というのは、自分のやり方で自在に変えていけるんです。いつも言うんですが、自分の宿命というのは基本的には変わらない。基本的には変わらないんだけれども、自分で工夫して、努力していけば自分の運命は変えていける。

人間というのは、自分の悪いところは誰でもわかっています。しかし、悪いところを直そうと思っても、なかなか直らない。直らないから欠点なんです。だから、欠点を直そうと思うのは、基本的に間違いです。それだったら、長所を伸ばしていったら、必ず悪いところが隠れてくる。育てるものに対しても、基本的にそういう考え方で接します。いいところを伸ばしてあげたい。いいところが伸びてきたら、悪いところが隠れるかもしれない。でも、期待に添ってくれないところもありますけどね。こちらが思っているようには、なかなかいかない。誰でもそうですけどね。会社でもそうでしょう。

私はお坊さんになっていますが、占いをしている人に言わせると、私はお坊さんになって生かされているそうです。私はサラリーマンなどになっていたら上司にかみつく性格だそうですから(笑)。

――サラリーマンとしては、非常に辛いですね。

私の誕生日を聞いて、占いの先生に私の運命を見てもらった信者さんが何人もいますが、皆さん、「お坊さんになってよかったですね」と言います(笑)。私が会社に勤めたら必ず上司にかみついて、首になっている人間です(笑)。

――かみつき方もありますね。

いまだったらかみつき方も上手ですが(笑)。毎日、いろいろな信者の方と話をさせていただいて、生活していますからね。

言葉の使い方は非常に大事だと思っています。皆さんに言うのは、子は親の鏡と言いますが、自分が接する人間はすべて自分の鏡なんだ。ですから、自分が心を尽くし、言葉を尽くせば、必ず相手から返ってくるはずだ。だから、人が何をしてくれるかではなくて、自分が人に対して何をしてあげられるかを考えて生活してください。自分が心を尽くし、言葉を尽くして、人に対して接する。相手からそういう言葉が返ってこなかったら、自分の努力が足りないと考えるか、相手にそれだけの能力がないと考えるか、考え直す。

人生の上で、自分が本当にかかわって、自分が思ったように伸びてきてくれるのが十人いたとしたら、つまり十人育てられた人間というのは、すごい人です。お釈迦さんでも、十大弟子といって十人しかいない。普通の人間が、自分の人生でかかわって育てていける人間というのは三人くらいしかいない。だから、私は自分の弟子は三人で十分だと思っている。人間の能力というのは、そんなものです。お釈迦さんでも十人しか育てられなかったんです。お釈迦さんほどの能力のある人間で十人、だから私たちみたいな人間だったら三人が精一杯です。

——道元さんも、一箇半箇という言い方で、お弟子さんはごく少数と言っていますね。

三人も育てられれば上等です。私も自分の弟子には、それぞれがそれぞれ分に合った育ち方をしてくれればいいと、道を一切定めなかったんです。無責任といったら無責任ですけどね。

——三年籠山行に入るということは、比叡山での住職の権利を得るということですね。それが三年籠山行の大きな目的でしょうか。

基本的にはそうですが、延暦寺一山の小僧として、法要の手伝いとか、修行とかをさせていただきながら、僧侶としての勉強をさせていただく期間であるわけです。三年程度は必要なのではないでしょうか。石の上にも三年。三年たたないとものごとを批判する立場になれません。延暦寺の住職にならせていただいた時に、「住職三年、もの言わず」という言葉を先輩から教えていただきました。延暦寺の住職になって三年間は何も言ってはいけない。三年間、その場所に勤めてみなければ、批判する資格がないという考え方です。何も知らずに入ってきて、いきなり会社を批判する人間がいますよね。内容も何も知らずに。本来は批判する資格がないわけです。三年間はその中に入って一生懸命努力をして、内容をよく理解して、結果を出し、それが評価されなかったら、意見をする資格はないという考え方です。それはもっともだと思います。交衆生のころは住職にかみついた時もありましたけれども、住職になってからはおとなしくしていました。

——三年籠山行を満行なされて三年後に、千日回峰行に入られるんですか。

そうです。ですから、小僧三年、籠山三年、延暦寺一山の住職として勤務三年と、三年で自分の人生に区切りがついたかたちになりました。今にして思えば、だいたい三年ごとに自分で振り返る機会をあたえてもらったようです。そのおかげで自分の頭の中で自分の人生を考え直す、構築し直すことができました。

——回峰行に入られる場合、周りのオーケーが必要だということですが、三年籠山行を出てすぐに入るということではなかったのですね。

師匠からは、三年籠山が終わって、次の年にもう千日回峰に入るように言っていただいたのですが、私は自分はまだその器ではないと思い、断りました。

——それはまたどうしてですか。

伝教大師の教えに「道心の中に衣食有り。衣食の中に道心なし」(『伝述一心戒文』)という言葉がありますが、私の場合、道心以前のレベルであったからです。生活があって、信者さんに来てもらわなかったら生活できないわけです。私は本当に一人でお坊さんの生活をしたことがないんです。回峰行の間は、炊事、洗濯全部自分でして、全部自分で行をしたいと思っていました。小僧も置かないつもりでした。お坊さんになって九年しかたっていないんですから、駆け出しです。そこを埋め合わせるために、自分で勉強しなければいけないし、本も読まなければいけません。それこそ中学校から本を読んでいないんです(笑)。

それを埋めなければいけないわけです。本を読んだりして、知識を得、体験を通して、知恵として身につけて、人に接して恥ずかしくない自分を作るために修行期間が必要だったんです。師僧から五百日までは、人に来てもらうことはならんと言われました。それまでの間に信者の方に来てもらえるだけの資質を身につけよとの教えでした。そのため、私は五百日まで、修行を続けさせていただけるだけの貯えを延暦寺に勤めさせていただきながら用意しました。

——すごいですね。もし、そのときすぐに入っていたら……。

自分の裏付けがなかったら行動が起こせないわけです。自分の手元の蓄えがなかったら、人に来てもらわなければいけない。力がないうちに人に来てもらったら、こびなければいけないでしょう。背伸びしなければいけないでしょう。そういうかたちで自分を作るのが嫌でしたから、来てもらわなくていい。だから、私は五年間は人が来てくださっても決まった時間にしか絶対に会いませんでした。別の時間に来てくださった方には帰ってくださいと帰ってもらいました。今でも、嫌な人には帰ってもらいますけどね(笑)。

——比叡山が天台宗とは知らずに得度なさったというお話がありましたが、それから十年でしょう。さっきおっしゃったように、お寺で生まれて育った人たちとのギャップを埋めるためにも、勉強もしなければいけなかったでしょう。たいへんな努力ですね。

はっきり言って、私はお坊さんとしての教学的な知識は情けない程度のものです。専門の勉強をしていません。その代わり、僧侶としては専門外の知識を、高専での勉強を通して工学系の知識なら、少しは理解できます。経済のものは自分が好きで読んでいますから、経済の話とか工学系の話にはついていけるわけです。やはり自分に向いたところで働かなければいけない。

私の知識というのは基本的に広く、浅くです。私は知らないことがあったら、知っている人に平気で聞けます。さっきも言ったように、私は頭を下げることは何とも思っていない人間です。頭を下げて済むんだったら、どこでも頭を下げて歩く人間です。聞くは一時の恥、聞かぬは一生の恥というでしょう。私はそのとおりだと思って、専門の知識のある人にはどんどん聞くほうです。聞けなくなったらおしまいだと思っています。

百日回峰行と常行三昧

——ところで、三年籠山行の中でいちばん大変な行は何でしょう。

百日回峰行[*16]と四種三昧（しゅざんまい）[*17]でしょうね。

——三年籠山をされる人はたくさんいますが、その人たちはみんななさるわけですか。

いまは四種三昧と百日回峰行が選択制になっています。どちらかをする。

——阿闍梨は両方なさったんですか。

私は両方しました。以前は両方させていただけたのですが、制度が変わり選択制となって、最初の交衆生なんですが、交衆生担当の住職にお願いしました。私は無動寺の徒弟であり、無動寺の人間は

16　**百日回峰行**　戦後、回峰行は「百日回峰行」と「千日回峰行」とに大別された。前者は比叡山延暦寺一山の住職となるための行である三年籠山行中にも行じられるが、地方寺院の僧侶が発心して修されることも多い。一方、後者の千日回峰行は入行するためにいくつかの条件が付加され、行門先達の許可を得ねばならない。

17　**四種三昧**　『摩訶止観』のなかに説かれた行法で、常行三昧・常坐三昧・半行半坐三昧・非行非坐三昧を合わせて四種三昧と称する。常行三昧は般舟三昧、仏立三昧ともいい、九十日を一期として、弥陀の宝号を唱えつつ、心に阿弥陀仏を念じ、一寸たりとも休むことなく行道する。常坐三昧は一行三昧ともいい、九十日を一期として専ら仏の名号を称えて観想する。半行半坐三昧は七日の方等三昧と二十一日の法華三昧を修し、行と坐を兼ねて修する。非行非坐三昧は方法、期間を定めずに行ずる。

回峰行をしなかったら住職になれない、それでは、無動寺の人間は四種三昧をできなくなってしまう。私はどちらの行もさせていただきたい。希望する者は、両方させていただけるようにしてほしいと。半分、ごり押しで両方させてもらいました(笑)。

決まった規定を、いちばん最初から私がひっくり返しています。ですから、私のあとの交衆生はほとんど両方やっています。私は無動寺だからそれが通じたわけです。私がほかの谷の人間だったら、回峰行はしなくてもいいですから、選択になります。私は無動寺の人間ですから、必ず回峰をしなければいけない。回峰行をしないと無動寺の住職にはなれません。ですから、私は選択の余地がないんです。選択できないのはおかしいじゃないかというので、私は無理を言って、両方させてもらいました。

――四種三昧というのは、たしか四つあって……。

天台宗の原典である『摩訶止観』の中に常行三昧、常坐三昧、半行半坐三昧、非行非坐三昧の四種の行法が記されています。私は常行三昧をさせていただきました。常行三昧と回峰行というのは、基本的には歩き回ることで同じなんです。しかし性格的には、動と静、全く逆の行です。回峰行というのは、毎日山中を歩きますので、毎日外から受ける刺激を処理しているだけで精一杯です。毎日、体が外界から受ける刺激に対応するわけです。要するに、外に向かって気持ちを向けてする行です。ところが、常行三昧というのは、完全に内に向かってする行です。毎日、何の変化もない。私はお堂を完全に閉め切って、すき間には新聞紙を込めて、昼も夜もないようにして、外からの刺激を一切遮断してやりました。完全に自分の内との闘いです。かたちとしては同じですが、全く逆の行です。

――常行三昧というのは、何日ぐらいなさるんですか。

九十日です。中の一ヶ月、全然覚えていません。ただ、ただ、お堂の中をくるくる回るだけで、時間の経過がないんです。終わったときには、何の記憶もありません。

――同じところをぐるぐる回っているんですか。

「歩々声々念々」といい、堂内の阿弥陀仏のまわりを歩き続けながら、口に念仏を唱え、心に弥陀の相好（そうごう）を観想し続けるのです。

――その行をやっている間、食事はどうなさるんですか。

朝と晩の食事は摂ります。

――食べながら回るわけではないですね。

そのときだけ座って食べることが許されます。食べたままの格好で寝たことがあるんです。箸を持ったまま、うかつにも寝ていました。どれだけ寝たか、わかりません。五分寝たのか、一時間寝たのか、わかりません。基本的には不眠となっています。都合よく解釈すれば、進んで寝たらいけないだから、布団を敷いたり、寝るための行動をとってはいけないわけです。無意識のうちに寝てしまった分はしょうがないという発想です。観想し、俗に言う「見仏聞法（けんぶつもんぽう）」[*18]といい、仏さまから直接、法を説いてもらうことを目的とするわけです。

一生懸命歩いているんですが、どれだけ歩いても景色が変わらない。方向を見失わないように、堂内の四角の柱に楷書と行書と草書と隷書で「南無阿弥陀仏」の掛け軸がかけてあるんですが、その掛

18 **見仏聞法**　目に大悲の仏を拝し、耳に仏の微妙な教法を聞くこと。

け軸が見えない。よく見たら、天井なんです。気がついたらひっくり返っているんです。意識の中では歩いて、足も運んでいるんですが、倒れているんです。御堂の中を常行しなければいかん、小さい声でも念仏を唱えなければいかんという意識だけが勝っている。意識を失って、倒れているんですが、意識が戻ったとき、自分の頭の中では常行している。しばらくそのままで、なんで天井があるんだろうと考えて、寝ていることに気がついて、また起き上がって常行する。

——そうやって一つのことに徹するというのはすごいことですね。

九十日間、幸せな生活ですね。何も余分なことは考えずに、ただ仏さんのことだけを考えて、「南無阿弥陀仏」といって回る。こんな幸せな生活はないですね。何の心配もない。食う心配もないし、寝る心配もない。平和ですよ。最高の幸せですね(笑)。

——阿闍梨は、そのころのことで何か思い出に覚えていらっしゃることはありますか。

私はむち打ちでヘルニアなんです。内海阿闍梨さま[*19]に、回峰行の初百日の修行のおりに伝法していただいたのですが、最初の日に膝を傷めて帰ったんです。

——いちばん最初の日は、先達の阿闍梨さんが連れていってくださるんですか。

先達さんがついてくださって、礼拝する場所や真言などを教えてくださるんです。三日目に、私がお坊さんになるきっかけをつくってくれた山形のお寺の住職が自分のところの信者さんを連れて、私の行のお参りに来てくれました。おふくろも来ていました。根本中堂で午前二時半という約束をしたんです。

一日目で膝を傷めて帰って、二日目に内海阿闍梨さんともう一人の行者についていくのが大変だった。三日目に山形のお寺の住職が来て、私の行をする姿を私の親や知人にお参りさせたいということで、根本中堂で午前二時半という約束をしたんです。普通だったら三十分あれば根本中堂に着きますが、足が痛くてとても間に合わないと思ったので、二時前に明王堂を出たんです。ところが、膝は痛い、腰は痛い、むち打ちで頭がガンガンする。根本中堂まで一時間以上かかりました。二時五十分ぐらいに着いたんでしょうか。それこそ脂汗をたらして行きました。着くなり、山形のお寺の住職に「何をしとるんや」とどなられました。

体が痛いというのは自分の都合です。向こうは二時半には来てくれるというので、二時には根本中堂に来ていました。四月一日ですから、まだ寒いんです。二時に根本中堂に出て、二時半に私が来るのを待っていてくれたんですが、私が二時半に来ないわけです。二十分ぐらい余分に待ったわけです。二時半といったら二時半が決まりです。こちらの都合は関係ない。私が足が痛い、腰が痛い、むち打ちで頭痛でどうしようもないというのは関係ない。いきなり山形のお寺の住職に、「何をしとるんや」とどなられるというより怒られました。情けなかったですよ。

そういうふうに辛かったということを言い出したらきりがない。でも、それは自分の都合ですね。さっきのお勤めの話と一緒で、ここで明王堂輪番としてお参りをさせてもらうかぎり、自分の都合というのは通用しないわけです。十一時に壇に上がってお勤めをするというのは、自分でコントロールすべきことであって、私の体調が悪いというのは言い訳にすぎない。そのときに午前二時半に行けなかったというのも、自分の都合です。

19 **内海俊照大阿闍梨** 現、叡南俊照大阿闍梨。律院住職。昭和五十四年、千日回峰行満行。北嶺大行満大阿闍梨。

私はこっちに小僧に来たときから、持病のむち打ちとヘルニアがあります。体調が悪くなったときは皇子山の整体の先生のところに行って治療してもらいながら、小僧をしていたわけです。当然、回峰をして体に負担がかかるんですから、そういうものが出ることはわかっているんですから、一時間かかると思ったら、一時五十分に出るのを一時半に出たらいいわけです。そこがコントロールできないということのほうが問題です。二時に出ていけないんだったら、一時半に出たらいいだけです。これは言い訳する範囲とは違います。自分の体調を把握して、コントロールできるんだったら、二時半に行けるはずです。二時半に行けないほうが恥ずかしい。腰が痛い、頭が痛いというのは別問題です。これが行です。

私が新行(しんぎょう)にいつも言うのは、毎日同じところを同じ時間にお参りしなさい。これが行です。百日の回峰をする人間は、自分自身をいかにコントロールするか。修行というのは、今風に言ったらマインドコントロールです。自分の肉体、精神をいかにコントロールできるか。それが端的に出るのは、回峰の世界でいえば、何時に寝ても同じ時間に起きてお勤めして、同じように出発する。雨が降ろうが、雪が降ろうが、同じところを同じ時間にお参りする。

私の修行中に、坂本の町の中を通る時に、いつも、お加持(かじ)を受けにきてくださるおばさんがおられたんです。そのおばちゃんはものすごく忙しいおばちゃんで、毎日七時が五分と遅れたら、「私は忙しいんだから、きちっと来てもらわなければ困る」とどやされました。そのおばちゃんにそうやってしごかれた部分もありますけれども、体調のいい悪いに関係なしに、同じ時刻に同じ場所のお参りができるようになりました。

新行者に伝法する阿闍梨

――すごいですね。

しかし、これが修行の基本です。自分のコントロールができない人間は修行する資格がないわけです。自分の感情を抜きにして、人には常に同じように接するということが、自分をコントロールできる修行の結果です。言ってみれば、私が中学生のころ意識してやってきたことを行としてやっただけです。自分で意識して行としてやってきただけです。自分の体調とか精神的なものを表に出さずに行動できるようにする。これが修行です。常に客観的にものごとを見ると言いますが、それは自分のマインドコントロールができなければできないことです。

第三章　回峰行とは

相応和尚のことなど

――三年籠山行を終えられて、回峰行を始められるというところまでお話をうかがったかと思いますが、では改めて、その回峰行とはどういうものでしょうか。これは相応和尚[20]とお読みするんでしょうか。

天台宗の場合、亡くなった方は和尚（かしょう）、生きている方は和尚（おしょう）と呼びます。

――回峰行は歴史的には相応和尚が始められたと……。

基本的には相応和尚が根本中堂にお参りされたんです。それを回峰行の創始と言っていますが、そのあとに相實和尚[21]という人がいまのかたちを作ったと言われています。

――相応和尚という人はどなたのお弟子さんでしたか。

慈覚大師[22]の弟子といっていいと思います。ほかの方の弟子ですが、慈覚大師に拾われたわけです。

――ということは伝教大師から数えて三代目、時代は平安中期ですね。相応和尚が無動寺を開かれたんですか。

そうです。相応和尚が無動寺を開かれた。

――回峰行のはじめというのは……。

基本的には根本中堂に供華（くげ）に行かれた。仏さまにお花を捧げに行ったわけです。それが基本です。供華、つまり花を供えるというのは、要するに仏さまのお参りをするという意味があります。

――そうすると相応和尚は無動寺から毎日根本中堂へ花を捧げに行かれた。

たしかずっと一年間続いたのか。常々、慈覚大師は相応和尚の姿を見ていて、道心堅固であると感心されていたのです。清和天皇の后である染殿皇后が病床に伏されたとき、護持僧として専門に自分のことだけを祈禱してくれるお坊さんになってくれないかという依頼があったわけです。お金がないとお坊さんになれない時代です。とにかくお金のかかった時代ですから、檀越（だんのつ）となるので、専属のお坊さんを紹介してほしいという時に、相応和尚を最初に紹介した。

その時に、ある本に書いてありましたが、相応和尚と同じようにして得度をさせてほしいということで、一生懸命お参りした方がいたので、護持僧の話をその僧に譲っています。自分より先輩でもっと道心堅固な人がいました。それで最初の勧めを断っています。謙譲の美徳というのでしょうか、その後再び、護持僧の話が持ち上がった時に、相応和尚が初めて得度をしています。

――相応和尚の供華から始まって、やがて三塔巡拝というかたちになったということでしょうか。

基本的には、日吉大社をお参りに行ったというんです。

20 **相応和尚**（八三一～九一六）建立大師。近江、浅井郡の豪族出身で、慈覚大師円仁に師事し、回峰行の基礎を築く。無動寺谷の開祖。無動寺谷明王堂、葛川息障明王院、伊崎寺の本尊は相応和尚自作の不動明王であるとされる。

21 **相實和尚** 比叡山において良祐、陽宴などに師事し、事相の秘奥を伝え、台密十三流の一つである法曼流を創始した。一一六五年七月入寂。

22 **慈覚大師円仁** 十五歳で比叡山に登り、伝教大師最澄に仕える。八三八年、入唐求法する。八三九年に登州・赤山院に至り、翌八四〇年には念願の五台山を巡礼して「五会念仏」の行儀にふれる。のち、比叡山に伝えられたこの「五会念仏」は、法華懺法、引声などや梵唄などの基礎となった。八四二年には会昌の法難に遭遇し、漸く八四六年、帰国することができた。九年二ヶ月におよぶ入唐中、多くの密教法門を修学し、この旅行記は『入唐求法巡礼行記』として残されている。帰山後、八五四年から八六四年に遷化するまで座主の任にあった。

――ストレートに三塔巡拝ではないわけですね。

ええ、本来、明治政府が神仏分離政策で神社と寺を別のものであると分けてしまうまでは、神仏習合といって、たがいに補完しあっていたのです。ですから、家庭でも先祖と氏神をおまつりしていました。日吉大社の神々もすべて山上の仏さまとつながりをもっており、比叡山の氏神でもあるわけです。その氏神である日吉大社をお参りに行った行です。

――日吉大社というのは古いですね。

比叡山というのは日枝山という字があるわけです。日吉大社の日吉はヒエが漢字になったわけです。比叡山自体がもともとの氏神である日枝の神の霊山だったわけで、そこに入ったわけです。ですから土地の信仰としては、いまで言う日吉大社のほうが古い。

――現在の回峰行が三塔巡拝と日吉大社を回るのは、そういう意味では理にかなっているわけですね。そのあと鎌倉や室町の時代は、そういう巡拝というか回峰行はきっちりなされていたんでしょうか。

織田信長の焼き討ちで資料的なものはすべて焼かれてしまいました。おそらく、いまのかたちに最初からなっていたわけではなくて、だんだん体裁を整えていったというのが現実でしょうね。ですからいまある建物をお参りしない時もあります。

――現在のようなかたちになるのはやはり江戸ぐらいからですか。

そうだと思います。試行錯誤を重ねていっていまのかたちができたんだと思います。

――いまのかたちになるまでには、行中に亡くなってしまった方というのはあるんでしょうか。

あります。たとえば、江戸時代の記録の中に、堂入り[*23]の行(明王堂参籠(みょうおうどうさんろう))をもう一日延ばして亡くなっている方がいます。九日終わった時点で、これだったらもう一日いけると思われたんでしょうね。そのほか、千日を満行できずに、自刃された方もいらっしゃいます。

九百七十五日をもって千日とする

——とても厳しい行なのですね。七年かけて千日歩かれるわけですが、そのうち最初の三年間は一年に百日だけ歩くんですね。一年目、二年目、三年目までは、百日間、歩く。その間、あとほかにやるのは一年に一回の京都切廻り*24と葛川参籠*25、それは必ずやる。

いまはです。時代によって違います。

23 **堂入りの行（明王堂参籠）** 回峰第七百日目を満行した当日から九日のあいだ明王堂に参籠することをいう。この間、断食、断水、不眠、不臥により人間の三欲を断じ、本尊大聖不動明王と一体となることを願い、一日三座の勤行と不動明王の陀羅尼を十万遍（一洛叉）誦する。毎夜午前二時に本尊にお供えする水を閼伽井まで取水に行くほかは、一切、明王堂の外に出ることは許されない。

24 **京都切廻り** 京都切廻りとは、回峰百日のうち一日だけ旧京都市内にある神社・仏閣を巡拝する行である。コースは千日回峰行の第九百日目に修される京都大廻りとおなじく、衆生済度を願うための化他行として行じられる。切廻りでは、沿道にある信者の家への「お立寄り」が許される。お立寄り先では、先祖の回向ならびに所願成就を祈念する御加持が奉修される。

25 **葛川参籠** 葛川夏安居ともいう。七月十六日から二十日までの五日間、葛川息障明王院に回峰行者（千日回峰行および百日回峰行を含む）が一同に揃い、回峰行の創始者・建立大師相応和尚の足跡をたどり安居を結ぶことをいう。古くは水無月会と霜月会があったが、現在は水無月会だけとなっている。その歴史は相応和尚が貞観元年（八五九）、比良山中の静寂の地・葛川において一切の穀類を断ち、三年間の草庵参籠の苦行修練の生活を始めたことにさかのぼる。中日の十八日の夜には「太鼓廻し」、十九日早朝、相応和尚が生身の不動明王を感得した三の滝へ参拝する「お滝参り」などが行なわれるが、参籠中の諸行事はすべて相応和尚の足跡をたどるものである。

——一年三百六十五日のうち、百日間だけ歩くというのは……。

回峰行というのは、非常にシステム化されています。堂入りでも何でも、全部経験則によってぎりぎりの限界のところでつくられているように感じられます。経験的に九日間が限界。私どもは九日という思いで参籠しています。私の師匠も堂入りを、もう一日延ばせと言われたら死ぬだろうなと言っております。それはよくわかります。精神的に緊張感を持続することによって、行が維持されているという部分がありますから、それを途中でもう一日延ばせと言われたら、緊張の糸が切れて、死んでしまうかもしれません。

一年に百日歩くというのも、百日ずつ、修練を重ねることによって、足も慣れ、精神的にも鍛えられてゆきます。それで四年目に、四百日、五百日、そして五年目に六百日、七百日と積み重ねてゆくのです。ですからいきなり二百日続けて回峰行を修するのは不可能です。そんなことをしたら、心も体もまいってしまいます。

また、夏場に修するのは非常に大変です。とくにいまは、三月の末から七月まで歩くというのはいちばんいい季節に歩くんです。梅雨にかかって雨が多いけれども、気候的には寒いところから暖かくなっていく季節に向かって歩いていきますから、体が慣れるとともに気温も上がっていきますから非常に楽です。いちばんいい時期にいまは歩いています。昔からこの時期ではなくて、秋回峰と言って秋にする回峰もありました。

歴史的には、いま行なっているかたちは、忙しい時代の人たちが暫定的にしているのであって、昔は葛川の参籠でも、資金が用意できたら参籠しているんです。建立大師(こんりゅうだいし)相応和尚が修行したお不動さまのところに、資金的なものができるたびに、線香、蠟燭を持って籠りに行っています。ですから昔の参籠札などを見ると、それこそ五十何度とか、百度近い人もいます。いまのように、一年に一回という決まりはないのです。

――百日歩いて、それから籠られますね。これはワンセットではないかと思いました。動き回るのと籠るのと、両方が必要なのかと。一日に歩く距離はだいたい七里半、約三十キロですか。

七里半です。キロに直したらだめです。ものの本にも七里半と書いてあります。七里半でないといけません。これは八に満たない数です。八というのはものを満ずるという意味です。

――完全数。

自然数でいちばん大きい数です。吉凶の数とも言います。中国的な思想で、八という数もいいけれども九も最大数です。九もいい数です。八と九を足して十七もいい。これがお経の十七文字です。経文の長文は十七文字です。これは決まりです。これは吉凶の数です。八というのは密教的な考え方からいくと、ものを満じたかたちになります。ところが比叡山の修行自体は菩薩行です。満じてしまったら行ができなくなりますから、菩薩行でないといけません。ですから満じないために七里半です。数は、仏教で会通（えつう）といいますが、必ず理由づけがあります。なぜそういう数になっているのか、全部、仏教的に説明ができます。

*26赤山苦行（せきざんくぎょう）というのがありますが、これは十五里と言われていますが、実際には十里ぐらいしかありません。これは七里半と七里半を足して十五里です。*27京都大廻り二十一里と言いますが、これも二十一という数に意味があります。これは仏教的な数で二十一です。七の三倍です。ですから実質的な距

離は全然問題ではない。ですから私は取材を受けると、必ず七里半と書きます。それでカッコして、(約三十キロ）と書きます。実質的にはだいたい二十五キロぐらいです。でも、二十五キロあったら約三十キロになりますから(笑)。

回峰行というのは満じてはいけません。要するに満行するかたちを整えてしまう前のかたちで常にやめていくわけじゃないですか。ですから毎日七里半で、要するに完全にやり切ってしまう前のかたちでやめて、それで日々積み重ねていく修行です。九百、千日と続けてやる場合には、九月の十八日に満行をするんです。ところが本当は十月の十三日が千日満行する日です。九月の十八日は九百七十五日目です。七十五も七里半です。要するに九百七十五日をもって千日と数えるわけです。

——千とするわけですね。

そうすると二十五日残ってしまうわけです。二十五日を一生かけて行じないといけません。対外的には千日終わりましたよと公表するのですが、本人は終わっていないというかたちを作ります。要するに終わってしまったら次の修行ができなくなってしまいます。

堂入りでも、生き仏さまと信者さんは言ってくださいますが、本当に仏さまになってしまってはだめなんです。だから行の場では「上求菩提(じょうぐぼだい)、下化衆生(げけしゅじょう)」[*28]という言葉がありますが、堂入りまでは菩提を考えながらずっと修行をしているわけです。それをメインにする。堂入りが成満(じょうまん)した時点で、菩提は一応得られた。ある程度の悟りまで達したということで、今度は下化衆生にメインが移る。下化衆生というのは化他(けた)の行、上求菩提というのは自利(じり)の行です。

「悟り悟りと未悟の境」という禅僧の歌が残っていますが、悟りというのは、三十の時には三十の悟りしかないわけです。四十の時には四十の悟りがあるわけです。年齢に応じた悟りがあります。悟りというのは経験ではないです。その人の歩んできた人生によって価値観が違います。その価値観によって悟り方は変わってくると思います。

私も自分で信者さんに話させてもらっている時に、明王堂へ上がってすぐのころの話といまの話とは全然違います。悟りとは本来、普遍的なものかもしれませんが、それを表現する場合には、時とともに変化していくものであって、変化していかなければいけないものです。これが悟りだといって固まってしまうものだったら、空という思想はいらなくなってしまう。対機説法といい、相手や場所やいろいろな状況によって変わっていいものなんです。

26 **赤山苦行** 赤山苦行というのは、回峰第七百日までの比叡山内七里半の巡拝の行程に加えて、比叡山の西の守護神である京都・洛北赤山禅院まで足を延ばして諸仏諸菩薩を巡拝することをいう。赤山禅院は慈覚大師円仁が新羅より請来した赤山明神を本尊とする。比叡山内の巡拝は自利の行であるが、赤山苦行は化他の行となる。

27 **京都大廻り** 千日回峰行中、第九百日目に修される大行で比叡山内より結界（籠山中の回峰行者は坂本は日吉大社の一の鳥居まで、京都は赤山禅院の鳥居までを結界とする）を出て、旧京都市内にある神社仏閣を巡拝する行である。その主旨は、堂入りを成満したことによって化他の門に入った行者が広く衆生済度を願うものである。一日の行程はおよそ二十一里となり、次のようなコースとなる。明王堂—比叡山内巡拝—雲母坂を経て赤山禅院—真如堂—八坂神社—庚申堂—清水寺—六波羅蜜寺—因幡薬師—北野天満宮—西方寺—上御霊神社—下鴨神社—河合神社—護浄院（宿舎）。宿舎でわずかばかりの仮眠ののち、翌日は宿舎より明王堂への逆コースを辿る。

28 **上求菩提、下化衆生** 菩薩は上は自利のために菩提を求め、下は利他のために衆生を化することをいう。

自利行と化他行の双修

——また日程に戻ります。最初の三年間は百日歩いて、四年目で二百日歩き、五年目で二百日歩く。そして堂入り。六年目で百日歩き、七年目はふたたび二百日歩くということですね。それで、都合、千日歩かれる。

最短コースで七年で終わる。

——阿闍梨さんご自身は……。

私は正味八年でやりました。四百日と五百日を別々の年にやりました。

——別々に百日ずつ歩かれた。そういうことも、もちろんありうるわけですね。

九百日を歩いて大廻りをすませて、次の年に百日歩かれる方もいます。この場合には百日間丸々歩きます。

——意図的に別々に歩かれたんですか。

はっきり言って、満行してしまうのを遅くしたんです。そんなにあわてて満行しなくても……(笑)。それを一つずつクリアしていくごとに確実に立場が偉くなっていきます。呼び名が変わっていきます。このことについては、江戸末期に千日回峰行を修した願海阿闍梨が『仏頂尊勝陀羅尼明験録（ぶっちょうそんしょうだらにみょうげんろく）』[*29]の中で述べられていますが、五百日が終わったら白帯行者（びゃくたいぎょうじゃ）[*30]になります。白帯行者は下根満（げこんまん）の行者と言われます。要するに満じたかたちには上中下があります。仏さまに上品、中品、下品とあるのと同じように、行者にも千日が終わって上根、堂入りがすんで中根、白帯行者という五百日がすんだところで下根満です。

下根満ですから、白帯行者になって初めて人のためにお加持をすることを許される。一応ある程度のところまでは満じましたよということで、下根満の行者で白帯行者です。だから本来は五百日までは人のためにお加持をさせていただくことはできません。私は四百日の時に信者さんに頼まれたのですが、お加持をしませんでした。自分のことで精一杯なのに、人のことなんかしていられないと断りました。

白帯行者で初めて下根満となれた。一応、行者としてある程度のかたちは作った。それで初めて人のためにお加持をさせてもらって、お経を読むことを許されるわけです。かたちとして違ったかたちになるわけです。白帯袈裟という特殊なお袈裟をかけて、要するに宣誓するわけです。私も白帯行者として人のためにお加持をすることを許されましたというかたちを示すわけです。

——一つの区切り目ですね。

中間地点、折り返し地点です。

——笠と足袋のことですが、お笠も最初の三百日はつけてはいけない、と。

三百一日目からつけるわけです。

29 **仏頂尊勝陀羅尼明験録** 江戸時代末期に千日回峰行を修した願海阿闍梨の著書。このなかには、今日、千日回峰行で練行される明王堂参籠や赤山苦行、大廻りなどについて記述されている。

30 **白帯行者** 回峰行五百日を満じた行者をいい、下根満の行者となったことを表す。中日には先達より白帯袈裟という特殊な袈裟を授かり、満行までこの袈裟をつけて回峰行を行ずる。

——足袋もそうですか。

足袋もそうです。修行のレベルが上がるにつれてかたちも変えていくわけです。

——杖はどこからでしょうか。

五百一日からです。白帯行者になって、五百日がすんだ時点で下根満になって、初めて介添えを許された。杖というのは介添え、助けです。それまでは完全な自利行ですから、そういうものに頼ったらいけない。全部自力で歩かなければいけない。

完全な化他行に入る赤山苦行から介添えをつける。今度は人のために歩きます。お参りを重ねますので、そこは助けてもらっても構わないという考え方になります。ですから介添えをつける。それまではつけません。

ある先満（せんまん）さんは、堂入りが終わった時点で初めて杖を持って介添えをつけていいと言われました。堂入りまでは自力でしなければいけないと言われた方もいます。昔は堂入りが終わるまでは杖はつけなかったそうです。

——五百日が終わって六百日、七百日は一年で。

夏に堂入りは不可能ですから。

——それで、その年の秋に堂入りになる。これもまた大変ですね。

堂入りは正式には「明王堂参籠」と言います。大変といったって、お堂に座っているだけです、飲まず食わずで(笑)。座っているだけと言うとおかしいですが、お勤めしているだけです。じっとしている。いきなり動から静に急に変わるわけです。

白帯行者の著者（回峰第六百日）

――それを出られて当行満（とうぎょうまん）になるわけですね。

行を満じた者に当たるということです。それで一人前、当行満になる。そこで京都大廻りがすんだ時点で行満です。千日がすんで大行満です。

――堂入りがすんで、翌年が赤山苦行ですね。

回峰行でわざわざ苦行をつけているのは赤山苦行だけです。

――どうしてでしょう。

やはり大変だということです。

――距離も十五里ですね。何キロくらいでしょうか。

実質的に四十キロくらいだと思います。京都の赤山禅院への往復だけですから。赤山は片道三・五キロくらいです。だから実測したら、正味は四十キロぐらいしかないはずです。また測る人がいるんです。世間には文句を言う人がいますから、測る人がいます。高低差がありますから、そんなものではないでしょうと言ってごまかしています(笑)。基本的には七里半を足した数だけです。

要するに山廻りの倍歩くということです。赤山まで行ってお加持をしなくてはいけませんから、化他行をするために山を歩く。自利行と同じだけ距離を歩く。要するに自利行と化他行が同じバランスでなければいけません。赤山に行って帰ってくるというのは、完全に化他行の部分です。山廻りと同じウエイトがありますから、七里半プラス七里半、だから十五里です。七里半と七里半でないとバランスが取れない。化他行と自利行のバランスが取れていないといけない。

――その翌年、京都大廻りをやって、それが九百日ですね。それからさらに、もう百日歩かれて、千日。

京都大廻りというのは、山廻りと京都廻りを両方するわけです。山廻りは自利行です。京都廻りは化他行です。自分のために自利行をやった上で化他行をする。化他行だけということはありえないんです。あくまでも山廻りの自利行をさせてもらった上に、[*31]自利利他双修と言いますが、両方を併せ行なわないといけない。山廻りをして京都廻りをするわけです。自利行を先にして、それで化他行に行く。で次の日に、夜中に化他行をして帰ってきて自利行をする。これが二十一里、七里の三倍。約六十キロです。

最後の百日で、また自利行へ戻る。最後の百日というのは、これはある意味ではインタバルみたいなものです。肉体的にはインタバルです。大廻りをやって六十キロも歩いていきなりやめるよりは、馴らして百日山廻りをして終わったほうがストレスが来ないわけです。そういう身体的な理由とかいろいろな理由があります。化他行だけではなくて、常に双修しなくてはいけません。基本的には自利行ですから、自分のことをしない限り始まりませんから、残りの百日は自利行でいいわけです。肉体的にも六十キロ歩き切った次の日に何もしなくなるよりは、また続けて半分の距離を歩いたほうがいいわけです。回峰行というのは非常に合理的です。

――京都大廻りの時は何時ごろ出峰なさるんですか。

行きは明王堂を午前一時に出て六時に帰ってきて、また八時に出峰して、京都の宿舎となる寺院には、午後六時半に着いています。帰りは翌日の午前一時に出発して、五時に赤山に着いて、こっちに

31　**自利利他双修**　自らを高めるための行という「自利行」と、自らのためではなく他人のために生き、一切衆生の済度を願い行ずる行である「化他行」を併せて行ずること。

帰ってくるのはたしか午前十一時半です。

——やはり相当の時間ですね。普段山廻りだけの時は午前二時に出峰なさって、ここに戻られるのが八時。慣れてからはだいたい三時出峰でした。

合理的なシステムの礼拝行

千日回峰行というのは志があれば誰でもできる。カリキュラムにそってその内容を理解して、それをきちっと実践していけば誰でもできるんです。なぜそういうふうに決まっているかということを理解してもらうために、赤山苦行は十五里。なぜ十五里か。すなわち自利行と化他行を双修するから十五里だ。そういうことをわかってやっていけば誰でもできます。いままで山廻りだけで七里半歩いていたところに、赤山苦行をすることによって、大廻りをする足ができるんです。それから大廻りを修する。

——それが二十一里。七里の三倍ですね。

結局体をだんだん作っていくんです。最初の三百日は、百日やって足を作って、それから一年に二百日歩くんです。いきなり二百日歩くわけではありません。ある程度体ができた時点で初めて二百日が許される。

供華(くげ)[*32]が百日のあいだに一週間あるので、一年で三百日は絶対できません。二百日にまたがって供華が入ってきます。

——供華の期間が両方にまたがるというのはどういうことですか。

二百日やる場合には、供華は旧暦の四月十五日から始めますから、そこから九十日間やります。三月二十八日というのは最近決めたことであって、うちの師匠は五月に行を始めています。べつにいつ始めても構わなかったんです。二百日やる場合には、百日のあいだに供華を一週間しなくてはいけないという決まりがあります。言い出したら細かい決まりがいろいろあります。完全にカリキュラムができあがっているんです。

経験で歴代の方がここはこういうふうにしておかなくてはいけないと決めて、要するに体のできあがり方とか、精神的な練り上がり方などを全部加味して千日というかたちができているわけです。よほど足の強い人でもいきなり大廻りなんてできません。要するに肉体的にも精神的にも鍛練ができた状態で初めて大廻りをさせてもらえるわけです。私に言わせたら、決して無理な行ではない。ですから誰でもできますと言っているわけです。発心(ほっしん)さえあれば。

——非常に合理的なシステムでできているから、発心さえあれば誰でもできる。

これをきちっと理解してやったらね。決まったカリキュラムをきちっとこなしていったら必ずできる行になっています。どこも無理はしていません。最低ここまではしなければいけないというものしかありません。

——そういうところはやはりすごいですね。

これは完全な経験則です。はっきり言って私は歩くのは嫌いな人間です。走るのも嫌いですし、マ

32 **供華** 仏に花を供えることをいう。回峰行ではある一定期間、山内で巡拝する諸仏諸菩薩に樒を供える。

ラソンも嫌いです。もともと走るのは嫌いですから、回峰行は走る行でも歩く行でもないと言っているんです。回峰行は行動としては「歩く」のですが、行の真髄は「礼拝行」なのだと言い続けています。礼拝する手段として、歩くのです。歩くだけの面が誇張されては、相応和尚の本意とは異なってしまいます。

――お笠のお話をおうかがいしたいのですが、このお笠は未敷蓮華ですね。これは蓮華を象っているのですか。

お不動さまの姿に模してあります。お不動さまも頭上に蓮華をいただかれています。お不動さま自身が化他修行の身分で、下におりて一般の方を救うために、頭の上に仏さまを載せて救うという考え方です。ですから行者も一般の方を救うために、このお笠自体がお不動さまですから、お不動さまと同じようにするんです。

――お不動さまも頭に上げているんですね。

私たちが持っている数珠は羂索で、檜扇が剣です。六百日から持つことを許された杖は今度は不動剣になるわけです。完全にかたちとしてお不動さまを模してあります。行者にとってはお笠自体がお不動さまの代理として、これ自身が本尊であるわけです。ですから亡くなる時も、お不動さまは自分の持仏ですから、お笠を持って棺桶に入ります。ですから古い方のお笠は何も残っていません。みんな持っていかれます。私のように千日をした者は二つも三つも使いますから、一つぐらい残るわけです。

お笠は基本的に仏さまですから。仏さまとして私どもが頭にいただいて大事にしていきますが、か

出峰（死者と同じく屋内から草鞋履き）

たちとしてはお不動さまです。ですからお不動さまと同じように蓮華に載るわけです。だから未敷蓮華の草鞋を履くわけです。[*33] 自分自身がお不動さまのかたちを模して行をしていきます。

33　**回峰行者の衣体**　行者の姿は回峰行者の本尊である不動明王そのものを表している。頭に戴くお笠は未敷蓮華を象り、千日回峰行者でも四百日からでないと頭に戴くことは許されず、大切に手に持って歩く。手に持つ念珠は不動明王の羂索、檜扇は明王の利剣を示し、八葉の草鞋は仏の蓮台を表す。衣体は麻の浄衣に野袴、手甲、脚半、四手紐、手巾を帯び（行なかばで断念せねばならぬ時は、四手紐で首をくくり、手巾は死後の顔を覆うのに用いられる）、すべて白一色で整えられた回峰行者の衣体は死装束を意味する。

第四章　菩提を求めて——千日回峰行I

今日の回峰行

――回峰行の最初はやはり三年籠山行から始まるわけですね。

本山交衆(きょうしゅう)生(せい)の三年目で回峰行を修する場合と、地方寺院の僧侶が回峰行を志す場合のどちらかになっています。私の師匠は最初から千日回峰行に入行しています。いまの延暦寺の規約としても、千日回峰行を行ずる者は延暦寺の住職であれば、百日目から千日回峰行に入行できるようになっていますが、実際には百日を行ずる者と千日を行ずる者とに分けてあります。昭和二十年以前に千日回峰行を修された方々は千日か百日かの選択ではありませんでした。そのころまでは谷の住職が毎年、三月頃になったら無動寺に帰って来て、二百日、三百日の回峰行を行じていました。その中から千日回峰行を行ずる者を選んだんです。

ところが延暦寺が時代の変化とともに忙しくなってきました。春になったら無動寺の住職が皆、無動寺に帰り、行に入ってしまうわけです。そうすると延暦寺の仕事に穴があいてしまう。それで現在は百日を行ずる者と千日を行ずる者とに分けてしまいました。二百日目に入った者は全員千日回峰行をしなさいというわけです。現在は無動寺谷の徒弟以外でも百日回峰行を行じていますが、昔はほとんど無動寺谷の徒弟の中で二百日、三百日を行じていくうちに、堂入りまでに千日回峰行者を人選したんです。その中から本当に行門を守っていくのにいちばんふさわしい人間を選んでいました。

――理にかなっていますね。

それを改正したわけです。私の師匠は千日回峰行に最初の初百日から入っていきましたけれども、師匠のあとに千日回峰行をした方々は最初に百日回峰行を別に修しているわけです。百日を修した者の中から千日回峰行をする者を選んでいます。時代とともに、本質的なところは変わっていませんが、時代とともに、制約がいろいろ部分的に変化してきているということはあります。堂入りをした行者は全部千日回峰行を修していますが、以前は六百日ぐらいまではたくさんの方が行じています。六百日を修し終えるまでのあいだに、行者としての力量を身につけていって、檀越（だんのつ）も見つけなければいけない。

力のない者には檀越がつかないわけです。いまで言う檀那です。応援してくれる者がいないとできません。応援してくれる外護者がいない行者は千日回峰行をする資格がない。六百日までのあいだに、人に応援してもらうだけのものを身につけなければいけないわけです。仏さまを信じ、自分を磨いていかなかったら自分に魅力が出てきませんから、魅力がなかったら誰も応援してくれない。魅力がない者は、人を惹きつける力がなく、ある意味では千日回峰行をする資格がなかったわけです。

――厳しいけれども、納得のいく話ですね。

会社と同じです。創業者の息子が力もないのに社長になって、会社がつぶれるのと同じです。行門を守るために昔はそういうシステムだったわけです。力量のない者が行門のトップに立ってもなんにもなりませんから、行者としての力量のない者は大行満（だいぎょうまん）になる資格がないわけです。

――なかなか厳しいですね。昨日もお聞きしましたが、三年籠山行の中では常行三昧（じょうぎょうざんまい）と百日回峰がいちばん大きな修行でしょうか。

修行としてはね。

――常行三昧の話は、じっと天井を見ていたというお話をうかがいましたね。

何がうれしかったかと言うと、九十日間が終わって布団で寝られた時が最高でした。お堂の中で寝てはいけないのに、いつのまにか寝ているわけです。目を覚ますたびに、ああ寝てしまったという罪悪感がつきまといました。基本的に寝てはいけないわけですから。九十日が終わって、畳に布団を敷いて、布団に入って、これがなにものにもかえがたい幸せだと感じました。遠慮なく寝られる。なんでもないことに感激します。また堂入りの後で初めて水を口にした時は感激でした。こんなにおいしいものはありませんでした。平成六年の夏は渇水で、日本中がそんな思いをしていましたね。

――百日回峰も大変だったというお話をうかがいました。

私は腰が悪いので、ずっとそのせいで膝痛で苦労をして歩いているんです。千日回峰行の修行中どこも痛くなくて歩いたことは一日もありません。どこか痛いのが当たり前という状態で毎日歩いていました。

――日常的に立ち居振る舞いなさるぶんにはなんでもないんですか。

別に不便を感じるほどではありません。ただ、行中に傷めた足首が勝手にはずれたり、入ったりして痛いことはありますが、あまり気にはしていません。私くらい痛いのをしょって歩いた人間も少ないのではないですか。私の師匠は三百日のころに右足首の靭帯を損傷しながら、何も処置せずにその状態で修行を続けました。千日回峰行をした者は、何らかのかたちでそういう試練にあわされています。私は常に小さい苦しみを積み重ねてきましたが、内海阿闍梨さんは堂入りの年、六百日目の修行中に腹をこわして、それこそ二十四時間かかって回峰されました。前日の巡拝がすんだら、次の日の行の巡拝に出る時間になっているわけで、ひとときも休まずに修行を続けなければいけなかったのです。

――酒井阿闍梨[*34]さんも赤山苦行の時に……。

足の右の親指を腐らせました。石にぶつけて足の親指が割れて、化膿した状態で、歩いておられました。信者さんが心配して、赤山禅院にお医者さんに来てもらって見てもらったら、化膿がひどすぎて今すぐ膝ぐらいの下から切らないと足全体が腐ると言われた。けれども、修行中であり休むこともできませんし、まして手術をして治療することなどとうていできません。それこそ足を切ってしまったら歩けなくなるわけです。歩けないことは、即ち死を意味しますから、それだったら修行を続けながら死にたい。

ただ、あまり痛いので、自分の持っていた懐剣で傷口を切って膿を絞った。その痛みで気絶したそうです。自分で親指を刀で切って、自分で膿を絞り出した。その痛みで気絶したんですが、修行を続けながら治してしまった。しかしいまでも酒井阿闍梨さんの足の親指は割れています。いま足袋を履いて歩いていても、肉が割れていますから、足袋の上から石をけとばしても親指が割れてしまうそうです。

みんな千日をするあいだにいろいろな試練にあって、その困難を乗り越えてやってきている部分が

34　**酒井雄哉大阿闍梨**　昭和五十五年、五十六歳で千日回峰行を満じたのち、二千日回峰行を昭和六十二年に満行。著者の先満にあたる。

あります。何もなしに千日回峰行を満行した人はないでしょう。非常な困難や試練に追い込まれて、それらを乗り越えてきて初めて真の行ができるという部分もあると思います。

——三年籠山では浄土院にも何日かいらっしゃったんですか。

三年間で通算十一ヶ月いました。

——そのあいだはそこから一歩も出ないんですか。

いいえ。私らは序の口ですから。

——三年籠山行が終わって十二年籠山行に入るわけですが、十二年籠山行というのは、昨日から何回も聞いていますように、回峰行と浄土院でのお籠りの二つがあると考えればいいんでしょうか。

そうです。浄土院の侍真(じしん)は籠山比丘(ろうざんびく)という言葉を使います。

——こちらは回峰行。

浄土院で侍真をされた律僧は皆さん籠山比丘という名称を使われますが、私らは籠山比丘という名前を使うことはあまりありません。十二年籠山行の性格自体が違いますから。故叡南祖賢大阿闍梨[*35]の英断で、十二年籠山をしつつ、回峰行を修することが定められました。それより以後は十二年の籠山を回峰行一千日といっしょに行ずるわけですから、以前のようにオフシーズンには山を下るようなことはどんな事情があっても許されません。

——いまはもうそんなことはできない。

そのとおりです。今のような時代は自分自身が身を律していなかったら、信者さんに法を説けないという時代になってきましたから。

――そういう意味で言うと叡南阿闍梨という方は……。

いま私たちが行じさせていただいている現在の回峰行のかたちの基礎を作った人です。ですから延暦寺でも昭和における中興の祖と言います。いまの延暦寺の内局のかたちも作り上げた人です。非常に政治家だった人です。千日回峰行も満じておられますが、学者であり、政治家であり、大行満でもありました。

――相当スケールの大きい方ですね。

戦中、戦後のもののない時代にも百人以上の弟子を取って、ここで育てた人です。

――十二年籠山行といっても、ずいぶん違うんですね。

基本的に違います。ですから回峰行における十二年籠山行というのはつい最近からです。ただ時代的には、こういう時代になると、そういう籠山をして精進潔斎しているというイメージが大切だと思います。

いろいろな時代があります。叡南祖賢大阿闍梨の前は奥野玄順大阿闍梨[*36]という方ですが、この方の時代に正井観順大阿闍梨[*37]とか、住職にならずに小僧のままで千日を成満された阿闍梨さまもおられます。その方などは、お寺で小僧生活をしながら回峰をしていました。ですから山廻りを終わって無動

35 **叡南祖賢大阿闍梨**　昭和二十一年、千日回峰行満行。のち、延暦寺執行となり、昭和における比叡山中興の祖と称された。

36 **奥野玄順大阿闍梨**　大正七年、四十四歳で千日回峰行満行。さらに、大正十五年に二千日回峰行、昭和九年に三千日回峰行満行。

37 **正井観順大阿闍梨**　明治三十八年、四十三歳で千日回峰行満行。さらに、明治四十三年に二千日回峰行満行ののち、三千日回峰行を修練中、行半ばに遷化。

寺の大乗院まで帰って、浄衣を脱いでお笠を外しておいて、布団を打ち直すというので布団をかついで下りていって、また打ち上がった布団をかついで山まであがった。浄衣だけ脱いで、野袴で。考えられない時代です。

いまのかたちを作ったのは叡南祖賢大阿闍梨ですから、いまの五十代、六十代の方にこういうかたちができあがる前に通った人がいるんです。そこらへんの話を聞くと、えーっということがあります。

——やっぱり一つの時代でしょうか。

叡南祖賢大阿闍梨は先見の明があったんでしょうね。この方の鶴の一声がなかったら、私たちは十二年籠山をしていなかったかもしれません。本来、回峰行にはそういう決まりはないんですから。私らがいまのようなかたちで籠山をせずに、千日の回峰行だけをしているのだったら、これほど千日回峰行は注目されなかったと思います。十二年間、山に籠ってお参り以外しないという部分はやはり大きいです。

み仏巡拝——一日一日の積み重ねが千日

——千日回峰を出峰なさって、葛川参籠（かつらがわさんろう）というのがありますね。

昨日も言いましたように、葛川参籠というのは千日とは本来全く別ものです。

——回峰行者の方がやるわけですか。何をなさるんですか。

お勤めです。日がな一日お勤めをしています。ちなみに、日野富子が葛川に参籠したことがあり、ちゃんと参籠札が残っています。この参籠札は重文に指定されています。

――もともとそういう聖地だったんですね。参籠する場所だったわけですか。

昔はそういうふうに僧侶はもとより公家貴族や、皇室関係者とかが、お金ができたら参籠したんです。行者だけが参籠するようになったのは最近のことです。八十歳ぐらいの人の時代には、年に二回も参籠されている人がいます。参籠五十何回とか。いい時代だったんです。

――個人で行かれたんですか。

米、味噌、蠟燭、線香が用意できたら参籠の準備は完了です。

――いい時代だったんですね。

いまのようなせちがらい世の中のことを思うと、ある意味ではいい時代でした。誰でもが仏さまに一心に、それこそ世間を忘れてお参りをさせていただけた時代です。

――常喜（じょうき）・常満（じょうまん）さんが迎えに出るとありますけれども、常喜・常満さんというのはもともと土地の神さまですか。

相応和尚（かしょう）がお不動さまのお告げで葛川を探されたらしいんです。その時に案内したのが常喜・常満さんの先祖で、三の滝に案内した。それで相応和尚がその三の滝の中で生身の不動明王を感得されました。相応和尚がおもわずその滝つぼの中の不動明王に飛びついたら、それは実は生身の不動明王とは違って桂の古木だった。それを相応和尚は一刀三礼して、それがいまの葛川の本尊である不動明王になったんです。

それで葛川のお不動さまと、ここ無動寺のお不動さまと、近江八幡にある伊崎寺のお不動さまを作

花折峠より葛川を目指す行者たち(先頭は常喜・常満)

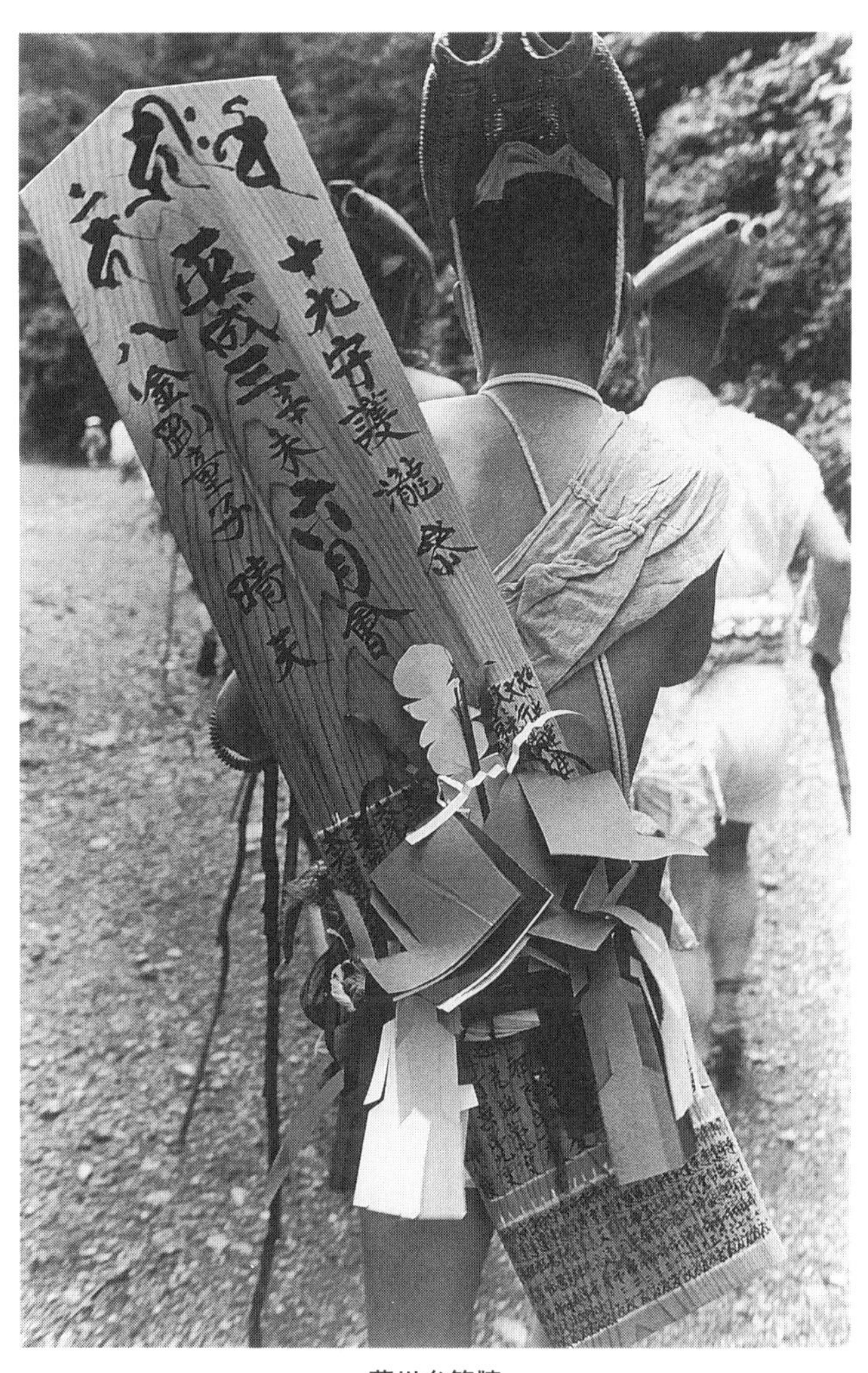

葛川参籠牘

られた。上中下になっています。葛川が下品、伊崎が中品、ここが上品です。本来の伊崎寺のお不動さまは半跏像になっています。

——阿闍梨はいまはもちろん新行さんを連れて葛川参籠にいらっしゃるわけですね。回峰行と葛川参籠はいまはどういう関係になっているんですか。

いまは百日回峰行を修した者は必ず相応和尚に百日を無事にすませたことを報告に行くというかたちになっています。葛川の参籠をすませて初めて百日と認められる。相応和尚に報告に行かなければいけない。百日しただけでは、歴代行者の名前を書いた葛川明王院[*38]の記録に書きしるしてもらえません。

——百日のうちの七十五日目に京都切廻り(きりまわり)というのがありますが、これは要するに京都大廻りと同じコースで、その代わり泊まらないで帰る。コース的にはそういうことですか。

そうです。僧侶として自利行ばかりしていてはいけませんから、一日だけですが化他行をします。ですから七十五日目です。

——それで七十五日目になるわけですね。

基本的には自利行だけしていればいいんですけれども、本来、天台宗の修行は菩薩行であり、僧俗共に修行をせねばならないのですから、たとえ初行の者であっても全く自利行だけやっていては具合悪いだろうという発想です。百日の自利行の重みと一日の化他行の重みがある意味では同等です。七十五日修行を重ね、徳を積んできても、化他行に合わせたら一日のぶんしかないという考え方です。

——京都大廻りのトレーニングという意味もあるのでしょうか。

それはないです。千日回峰行を修する者にとってはそういう意味合いもありますけれども、百日回峰行を修する者にとってはそういう意味合いは全然ないです。本来は自利行だけに徹すべきなのですが、お坊さんですから、衆生を済度(さいど)する化他行をしなければいけません。そのために一日だけ化他行をするという考え方です。基本的には自利、化他を双修しなければいけませんから、自利行だけしていてはいけない。自分のことだけしていたらいけません。それはマスタベーションと変わりません。自己満足の世界です。ですから必ず化他行をせねばなりませんが、回峰行では七十五日目の京都切廻りを化他行として行ずるわけです。

——千日のうちの七百日までは自利行で、後半の三百日が化他行、ということですが、でもその自利行の中にもちゃんとそういうふうに化他の部分があるわけですね。

回峰行の場合、化他行をするために必ず人に姿をさらします。本来、修行は個人でするものですから、人知れず山に籠って自分のために自分の行を積んできて、それを終わって、もう満じたから私は偉いというような人が多いのではないでしょうか。

——回峰行は違うんですね。

ある意味では回峰行というのは非常に変わっており、人に姿を見せる行というのは非常にプレッシャーがあります。普通は姿を見せないで行をしますから。堂入りの時にわざわざ取水に行くという

38　**葛川明王院**　葛川息障明王院とも葛川寺ともいう。大津市葛川坊村にある。回峰行の始祖・相応和尚が貞観元年（八五九）、三年間の草庵参籠の苦行をされたのが、現在の葛川明王院である。この間、和尚は葛川「三の滝」の滝壺において不動明王を感得されたという。示現した不動明王を桂の古木で刻み、奉安されたのが葛川明王院の本尊であるといわれる。

のも、ある意味ではそういうところがあると思います。自分の姿を見せる。
人に姿をさらしてする回峰行。どこの行を探しても、人にわざわざ姿をさらしてする行は少ないと思います。私は十万枚大護摩供[39]の時に「十万枚大護摩供が終わったあとにお加持[40]はさせてもらったほうがいいんでしょうか、しなくてもいいんでしょうか」とたずねましたら、十万枚とか八千枚大護摩供というのは人のためにする行だから、お加持をしなさいと言われました。そんなぎりぎりの極限までやって、お加持なんかできるだろうかという疑問があったんです。
だから十万枚大護摩供が終わったあとに、それこそ必死の思いで本堂に上がっていってお加持をさせていただいています。化他行ですから、人に姿をさらさなければいけません。自分の姿を信者さんに見てもらって、自分が修してきて、授かり、学んできたものを受けてもらわなければいけないわけです。

――明快ですね。

しかし見せるというのは大変です。演技をしたら必ずばれます。自然に出てくるものでなかったらだめです。演技をしたら必ず見抜く人がいますからね。

――そういうことで言うと、最初のころの京都切廻りというのもなかなか大変ですね。

私の初百日の切廻りの時など、そんなもの何をしているかわからないです(笑)。どっち向いて歩いているのかわかりません。とにかく先達について、沿道に並んでくださった方々にお加持をさせてもらって、お経を必死に読ませてもらって、それこそ必死で帰ってきて、大変でした。それでおしまいです。長い一日です。夜中の二時に明王堂から出峰し帰ってきたら次の日の夜中の一時になるんですから、フルタイムです。

——二十四時間ですか。それで次の日の出峰はもうすぐですね。

すぐ次の日の山廻りに出ていくわけです。二十四時間フルタイムで働かなければいけません(笑)。

——初百日のあと、第二百日、三百日も一年に一回百日歩くということで、昭和五十九年に回峰二百日、それから翌六十年に三百日をなさって、六十一年に四百日ということです。こう行を重ねていかれると、その百日、百日での何か大きな出来事などがあるんですか。

別に何もないです。千日回峰行を満じた時に言ったんですが、突然千日になったわけではない。一日一日積み重ねて千日になっただけであって、べつに千日が終わったからといって、変わるものではありません。

前に百日の回峰をした者がこんなことを言っていました。面白いことを言うなと思ったのですが、最初の一日目は内海阿闍梨さんに先達していただいて、お参りする場所を全部教えていただきながら、巡拝することができますので、この最初の一日は自分の行で、あとの九十九日がお礼参りだ。一日目を回らせてもらったお礼に、のこりの九十九日間巡拝させていただくという気持ちで回らせてもらったと言っていました。

あくまでも一日一日の積み重ねが千日になっただけであって、三百一日目に入ったからどう変わっ

39　**十万枚大護摩供**　千日回峰行を満行した大行満が一代に一度だけ奉修する大護摩供である。七日間、断食、断水、不眠で護摩を修法する。十万枚大護摩供は正行・一七ヶ日に先立ち、一百日のあいだ五穀・塩断ちの前行を行なう。

40　**加持**　仏の大悲が衆生に加わり、衆生の信心に仏が応じて互いに道交すること。

たということはないんです。毎日同じように巡拝をするのが目的ですし、それを積み重ねていくことで、だんだん周りの自然状況の変化とか、自分の体調などに関係なく、同じように歩けるようになってきました。突然千日になったわけではありませんし、突然三百日になったわけでもありません。百日間修行を始めたらやめられないという百日単位で行をしているということのほうが大切です。区切り区切りでどう変わったか。自分ではわかりませんが、堂入りをしてから雰囲気が変わったと言われました。何かを乗り越えた時に周りの方々から見ていると、ぱっと顔が変わったようです。

ただ日々の積み重ねで、二百とか三百の区切りで、考え方もすっかり変わって、見た目にもすっかり変わるということはないです。私に言わせたら、堂入りでも、自分がそれまで、七百日間にわたり修行を重ねさせていただき、今の自分ができることは心おきなくすべて行ない、あとはもう仏さんにお任せする。そういうつもりで入堂していますので、あとのことは仏さまの心に委ねているわけです。人事を尽くして天命を待つというのでしょうか。もし自分のやってきた修行が正しく行なえていなかったら、仏さまから死を与えられる。ただ自分で死んでしまったらわからないですけどね(笑)。自分自身では、精一杯修行させていただいて、やっと堂入りに入らせていただける時期がきたということですから、入堂する時は本心うれしかったですね。

――山を歩いて回峰なさっていて、最初のうちは、周りを見る余裕はないとおっしゃっていましたが、そういう余裕が出てくるのはやはり……。

余裕というより、毎日帰ってこれるかどうかわからない死出の旅ですから。実際百日やっているあいだに、休みがあったらいいのになと思ったことはしょっちゅうありました。五月四日は国民の休日。

私らは国民ではないのか（笑）。休みたいという気持ちもありますし、毎日夜中の十二時に起きるという生活が大変です。かといってそれが行で、毎日やるわけですから、ある意味では毎日、道心堅固で、修行するんだという気持ちばかりでやっていたわけではないです。

　実際に雨が降っていたら、ああ出たくないなと思う日もありました。それでも毎日同じ時間に出て、同じようにお参りする。無事今日も帰ってこられた。命を長らえた。ですから私はいつもにこにこしてうれしそうな顔をして帰ってきていました。毎日が勝負で、区切りが勝負ではないわけです。それこそ無事に帰ってこられるかわからない道筋ですから、一つひとつのお参りを重ねていくことによって、たまたま三十キロ近い距離を歩くだけであって、私にとっては、一つひとつ積み重ねたら三十キロになった。最初から三十キロ歩くのが目的ではなく手段であり、目的はお参りであり、次のところ、次のところとお参りを重ねていったら、たまたま三十キロ歩いた、ということです。

　ただその一ヶ所一ヶ所をお参りすることは大変ですけれども、無事にお参りして帰った時には何のてらいもなく実にうれしい。足が痛ければ痛いほど、無事に帰ってきて足を休めることもできますし、帰ってこれたよろこびもあります。ですから無性にうれしい。苦労が大きければ大きいほど、無事に帰った時には喜びも増します。その積み重ねの結果として千日になりました。

――なるほど。お参りする場所とおっしゃいましたが、一日に回るコースの中で何ヶ所あるんですか。

　はっきり言って数えたことはないです。二百六十数ヶ所。それはものの本に書いてあったことで、はっきり言って数えたことはないです。数える気もない。私は一ヶ所一ヶ所をお参りするということを念頭に置いて、一つひとつのお参りを重ねていったら自然に戻ってくる。だから数えたことはない

根本中堂

です。ものの本にそういうふうに書いてあったのでそのまま使っているだけで、私自身は数えたことはないです。

——そのつど供華をなさっているわけですか。

そうです。ですから小僧に供華袋に供華用の樒（しきみ）を三百枚ぐらい入れておくように言います。私は全然数えたこともないし、数えようと思ったこともありません。お参りする場所の数は問題ではありません。お参りする場所に優劣の差があるわけではないです。根本中堂をお参りするのと、根本中堂のすぐ脇にある護法石という石をお参りするのと、こっちは根本中堂だから念入りにというわけではなく、全部同じようにお参りしますから、数える必要はない。みんな同じです。

根本中堂をお参りする時に何か特別のことがあるのだったらいいですけれども、別に何もありません。根本中堂はたくさんの仏さまがおまつりしてあるし、唱えなくてはいけないお経もあるし、非常に長いお参りになりますけれども、しかし仏さまに対してお参りする意義は全部一緒です。一つの仏さまだけお参りするわけではなくて、基本的には私にとっては変わらないわけです。お参りする仏さまに対して優劣はないです。一つひとつ積み重ねて終着点へ戻ってくる。

基本的には仏さまへの礼拝行です。私の師匠が回峰行は歩く行ではないから、礼拝行という言葉を使えと言っていました。実際に一つひとつの仏さまに礼拝するという精神です。一木一草にすべて礼拝して歩かなければ帰ってこれません。たとえば、チベット仏教のように山の周りを礼拝して回らなければいけないわけです。精神的には回峰行はあの精神です。ですからはた目には道ばたの石に向かってお参りしているように見えますが、弁才天が影向（ようごう）した石だとか、毘沙門天が影向した石ということになっているわけで、はたから見たらただの岩をお参りしているわけです。

——お参りしてお花を捧げるわけですか。

浄土ですから。浄土というのはえも言われないすばらしい世界である。そういう場所には必ずお花が必要です。お花に、音楽に、お香が必ず必要です。ですからその花をお供えさせてもらう。仏さまを讃嘆して歩くわけです。

——二百、三百は一緒だとおっしゃいましたけれども、このあと何年目かには二百日まとめてやってしまうとか、四百一日目からは足袋を履くとか、お笠をかぶるとか、そういうのが一つひとつ節目になっていくということはあるわけですね。

かたちとしてはね。ただ基本的には最初から同じところを巡拝のために歩いていますから、私は二百日も三百日も基本的には何も変わっていないというのです。積み重ねることがいかに大変かということです。休めない。毎日同じ時間に出峰して同じことをしている。会社に行くのでも、毎日同じ時間に同じところへ通っている人がたくさんいるわけです。それと比較する対象ではないわけですが、私どもはお参りすることを行としてやっています。普段の生活の中での皆さんの行動で、自分の心を入れて修行だと思ってやっておられれば、何でも修行になるわけです。私たちの場合は百日間は絶対に休めない。これがいちばんの行です。初めて歩いたら、十日目ぐらいに疲れが出て、どんどん疲労がたまっていき、体力ばかりか気力まで落ち込んできます。そこを乗り越えていかなくてはいけない。休めないということが基本です。百日間続けなくてはいけない。回峰行の場合、練行（れんぎょう）という言葉が使われています。

百日間連ねるから大変な行なのであって、知らない人は、千日というのは三百六十五日のいい日を選んで歩くと思っている人もいるわけです。百日続けるからこそできるのであって、続けるからこそ大変なんです。一年三百六十五日のいい日を選んで毎日お参りに来なさいといったら、とてもできないと思います。始めたら百日間続けなければいけないという制約があるからできるのであって、制約があるからこそ大変なんです。

酒井阿闍梨さんのように足を怪我して、たとえ足が腐ってでも歩かなければいけない。病院に入って手術しなければいけないような病気でも、続けなくてはいけないという制約があるからこそ、そういうものを乗り越えられる。続けなくてもいいという、要するに制約がなかったら基本的に肉体的には非常に厳しい行ですから、かえってできない行になってしまうかもしれません。内海阿闍梨さんは腹をこわして二十四時間もかかって歩かれました。二、三日休んで体力が回復してから歩いたらいいといったら、そんなもの三日ぐらいでつぶれてしまうのではないですか。

――なるほど。百日間続けられて、その年は終わる。そして、また翌年の春三月に出峰する。そうするとやはり最初の十日目ぐらいまでは体が大変ということはあるわけですね。

慣れるまではね。その前に必ず前行がありますから、正行に入る前に心と体を作っておいたらいいんです。基本的に先に苦労するか、後に苦労するかが問題です。前行というのは前の行ですから、先の苦労です。前行に対して正行があります。百日間の回峰行が正行で、その一週間前に前行というのがあります。

十万枚大護摩供の時にも百日間の前行があります。そののち、一週間の正行で護摩供を修するわけです。前行でする苦労は加減できます。どっちみち同じ苦労をするのだったら、先の苦労をしておいたほうが、後の苦労を楽にできます。前行でがんばってやって体を馴らしておいたら、正行が楽です。前行で手を抜くと正行が大変です。

正行が始まってしまったら加減できません。十万枚大護摩供でもそうです。十万枚大護摩供の前行でも、百日間でいかに身心ともに正行に入らせていただける状態に作り上げるかということで、要するに前行のあいだはしんどかったら多めに休むこともできるし、寝たりすることもできます。今日はしんどいなと思ったら、早めに寝て疲れを取ったりすることができます。前行中にそういう苦労をしておいたら、正行が楽になるわけです。正行に入ってしまったらそういう加減はできません。ですからできれば加減のできる前行で先の苦労を取ったほうがいい。

原稿の締め切りの追い込み一週間を正行だと思ったらいいんです。その正行を楽にしようと思ったら、やっぱり前行でがんばらなければいけない。原稿の締め切りの一週間前というのはまさに正行です。その正行を楽にするためには、前行でがんばらなければいけない。前行の苦労というのは加減できる。自分の意識で、ちょっとここは根を詰めたら明日がしんどいから、ここまでしないでやめておこうということができる。ただみんなはその前行を嫌がります。私も嫌でした。ただそこでがんばってやっておかないと、正行が大変です。

人間というのは、「後悔先に立たず」と言うように、喉元に来なければわからない。これを繰り返していきます。でもいま言ったような気持ちを持っているだけでもだいぶ違います。気は心です。

一木一草に仏性を見る

――昭和六十三年（一九八八年）に六百日と七百日をなさった。それまでずっと百日ですから、二百日歩くというのはなかなか大変だったと思います。

長かったです。七百日というのは大変でした。夏に回峰したことがないんです。暑がりですから、暑さで参ってしまいました。自慢ではないですが、夏バテしたことのない人間の私が夏バテをしました。いままで春から夏にかけての百日間の修行であり、千日回峰行だといっても、必ず行を一緒にしている者がいたので、山の中を歩いていても必ず人気（ひとけ）がありました。

ところが二百日目の七百日に入ったら誰も歩いていない。全く人気のない山の中を一人で歩くんです。なんとも言えない。普通の人にはわからないかもしれませんけれども、私らは人の気配がわかります。人が通ったあとの気配とか、そういうのは人より敏感です。全く人気のない山の中を、それこそお参りをするだけのために一生懸命歩いているわけです。そういう経験をしたことはなかったんです。

いちばん気持ちが悪いのは生きている人間が来た時です。獣とかお化けは怖いとは思いません。生きている人間がいちばん怖いです。夜の夜中に山の中に立っている人間が、たまりません。また脅かすようなことを言うんです。なんでこんなところに人がいるんだろうと思うようなところで、あのーなんて言われるとびくっとします(笑)。

――そういうことがままあるんですか。

年に一回は必ずありました。まだ私なんかはいいほうです。自殺したいから死ぬところを教えてくださいなんていうのもありましたが、べつになんともないです。私の師匠なんかもっとひどかった。横川（よかわ）の大師堂にお参りされていたおばあちゃんがいて、毎日暗夜の中で束線香に火をつけて線香が赤く燃える明かりで足元を照らして、根本中堂にお参りせいというお告げを受けたということでした。師匠が修行中に真夜中の行者道の、玉体杉の所の曲がり角でそのおばあちゃんに会ったんだそうです。線香の煙でもくもくしてぼおーっとおばあさんを照らし出すわけです。さすがに出たと思ったらしい(笑)。生きている人間がいちばん怖い。物怪（もののけ）とかそんなものは自分の意識の中で消せます。あっ、なんかおかしいなと思っても、そのためにお参りしているんですから、そのための供養もあります。いちばん怖いのは生きている人間です(笑)。

――獣も結構出るんですか。

毎日同じ時間に同じところを歩いていたら、獣はその時間にはみんな移動しています。

――獣のほうでわかっているから出てこないわけですね。

たまに切廻りなどに行くと、今年の切廻りもそうでしたが、鹿が何匹もいました。普段人が通らない時間、要するに獣の生活時間に私らが入り込んでいきますから。私も赤山苦行とか大廻りの時には、鹿には最初のうち二、三回会いましたが、あとはほとんど会っていません。ところがこの前の切廻りの時には二、三匹いました。毎日歩いていたら、その時間には獣のほうが警戒して散ってしまいます。ところがたまに、それこそ一年に一回突然行くと、みんな獣のほうが、大騒ぎしています。気の毒ですね。

——蛇とか、鹿とか、猪とか。

熊以外は全部会いました。蛇を踏んだこともあります。

——蛇は踏むと……。

なんとも言えない感じです。むにゅっという感じです。

——咬まれなかったですか。

蛇が寝ていたんじゃないですか。蛇が棒みたいになっていたんです。ちょうど横川の駐車場の手前で、ちょうど夜明け前でした。私はお経本を広げて足元も見ずに、歩きながら読んでいました。すると何かをにゅっと踏んだんです。あっと思って一メートルぐらいぽーんと飛びました。蝮でした。私も反射的に逃げましたが、蛇のほうもあわてていました。

普通だったら蛇に咬まれています。こっちもお経を読むのに夢中で余分な気配がないので、蛇のほうも踏まれるまで気がつかなかった。私もお経を読むのに一生懸命でしたから、殺気がなかったんでしょうね。びっくりしました。思わずすぽんと飛びました。

——獣と出会うというのは、かわいいとか、かわいくないとか……。

かわいいもなにも、一生懸命生きているなと思っています。

——植物や花などはどうですか。

好きですよ。三月の末から七月五日までですから、そのあいだにいろいろな花が咲きます。山の藤が咲いたらおしまいです。

——藤が最後ですか。

藤が咲き終わったら暑くなりますから、藤までがいい季節です。桜が咲いて藤が咲くまでがいちばんいい季節です。藤が終わったら、梅雨が始まって暑くなります。

——比叡山はたくさんの花が咲くようですね。

いろいろなものが咲きます。山躑躅とか、草花でも節分草から始まって二輪草とか、猩々袴とか、次々と咲きます。お茶花系統は山に入って探したら多いです。

——歩いていらしてそういう花と出会うのはやっぱりいいものですか。

根が好きですからね。

——雨の時はやっぱり大変ですね。

大変です。ですから天気の日にゆっくり歩いて巡拝していました。天気の日にゆっくり歩いて時間の余裕を作っておきました。雨の日は精一杯歩いて天気の日のゆっくり歩いたのと同じペースになります。毎日同じように巡拝できるように。雨の日は精一杯のスピードで歩いても晴れの日より遅い。ですから毎日同じ時間に同じところをお参りのために通れるように、普段から加減してあります。天気のいい時には天気のいい歩き方、天気の悪い時には天気の悪い歩き方をします。同じところを同じ時間で歩いて巡拝していけるようにです。歩数も決まっていました。何歩歩いたら回ると自然に決まっていました。

——足がそういうふうに動いていくんですか。

体が道を全部覚えています。そこにある石まで。だから毎日同じ石を踏んでいます。

京都御所を拝し玉体杉にて玉体加持
（玉体杉だけが回峰行中、唯一腰を下ろすことが許される）

――そうなるまでには二百日、三百日かかりますか。

そんなにはかからないです。新行でも二週間も経つと慣れてきます。一週間歩いたらだいたい慣れてきます。もう一ヶ月過ぎたら、みんな毎日同じ石を同じように踏んで歩いています。そうでなかったらいけません。毎日同じことを繰り返すのが行です。

――同じ石を踏んで、同じ時間にそこにつく。条件によっては雨が降る時もあるから、その時に……。

だから私は雨の日の歩き方と晴れの日の歩き方を全部変えてあります。新行には毎日同じ時間に同じところを通れるようになるように言ってありますが、歩き方まで変えろとは言いません。それは実地に自分で作っていくもので、人に言われてするものとは違います。自分の中で工夫することです。特許みたいなものです。京都大廻りでも五分と狂いませんでした。

――懐中電灯で周りを照らしながら歩いてもつまづきます。阿闍梨は明かりといえば提灯だけで、足元だけなのにどうしてわかるのか(笑)。

視力は〇・一しかないのに(笑)。やっぱりトレーニングです。また提灯というのは皆さんが思っているほど暗くはありません。足元のあたりを全体的にボーッと照らしてくれます。明るすぎない分、道のデコボコなどが影になったりして、わかりやすいくらいです。かえって懐中電灯では明るすぎて、道のデコボコがわからなくなってしまいます。また、照らしているところだけが見えて、周囲が暗くなり、反対に見えなくなってしまいます。競馬の馬みたいによそ見をしない状態になってしまうんです。まるで人生において目先のことだけにこだわって一目散に突き進んでいるようなものです。照らしたところしか見えないんですから。ちょっと歩みをゆるめて周囲に気を配るようにしたら、違ったものも見えてくるはずです。

――雨の時は蓑笠（みのかさ）をつけるということですが、やっぱりあれは雨を含むと重いでしょうね。

私が千日回峰行のうち後のほうで使っていたものは、菅（すげ）の蓑でしたからつけてしまったらそれほど重くはない。ただ、あったら邪魔です。やっぱり天気のいい日に気持ちよく巡拝させていただくのがいちばんです。

――雨上がりがいいとかいうことはありますか。

霧が出ている時が歩くのはいちばん楽です。湿気で呼吸が楽になります。暑い日の夜中に雨が降っている中を蓑なしで歩くのも気持ちがいいです。昔した水遊びの感覚です。一回だけじゃばじゃばの中を蓑をつけずに、本当に水遊びの世界でどぼどぼになって歩きました。いまごろの雨だったらいくら濡れても気になりません。かえって気持ちがいいくらいです。今日なんかとくにそうです。これだけ暑い日が続いて参っているところの雨ですからね。

――何かで阿闍梨のお言葉を見た記憶があるんですが、「夜が明けてきて朝にならないその間合いの瞬間がある」。

夜と朝の入れ替わる時間、空気が止まる時間があるんです。草木も眠る丑三つ時というのか、夜から朝に移行する一瞬のあいだ、風から何から全部止まります。山の中を歩いていると、この夜から朝に変わる一刹那が感じられます。

――自然になだらかに変わるのではないんですね。

ぴっと変わります。夜中に風が吹いていても、朝になったとたん風がぱっと止まってしまうとか、いろいろな変化があります。

——丑三つ時というのはいちばん寒いんだそうですね。三時から四時のあいだがいちばん寒い。それで五時になったら暖かくなってくる。

陰と陽がひっくり返る時間です。そういうのは肌で感じます。朝になったとたん昼間のものが動き出します。夜明けの三十分ぐらい前にもう鶏が鳴き出します。天気がいい日だったら一時間ぐらい前に鳴き出します。草木も眠る丑三つ時というように、本当に草木も眠ります。木がすっと沈んでいくような感じがあります。自分の調子がいい時はそういうものがわかります。そういうことは山歩きをしている人は経験したことがあるのではないですか。

——二百日歩く時は、夏から秋にも歩くわけですね。

夏から秋はそれなりにいい季節になります。普段歩きつけていない季節に歩くというだけで、自然はうつろってゆきますから、それを見、感じながら巡拝させていただくことも楽しいです。

——ずいぶん違うでしょうね。

違います。私は普段は春の芽吹きから新しく出た葉が固くなるところまでしか歩いていません。三月から七月までですから、植物のいちばん生命力にあふれているところしか見ていないわけです。実際にそれからそういうものが、実を結んでというところは秋になって見るわけです。だからそれまでの行中に夏黄櫨（なつはぜ）の花は見るけれども、夏黄櫨の実を見たことはありませんでした。夏黄櫨が実を結ぶころにはもう終わっていますから。いつもお参りする正面に夏黄櫨の木があります。いつも花を見ているわけですが、今までの行中に実は見たことがない。二百日を修していた時、あっ、ここに実をつ

けていると思うことがありました。

――やっぱりそういう違いはいいでしょうね。

日々新たなりといいますけれども、そういう自然の変化を感じられる状態を作っておかなくてはいけません。歩くのだけに必死になって、お参りするのだけに必死になって、自然を感じられないのだったら、一木一草に仏性を感じるなんてことはできないでしょう。そういう精神的な余裕は必ず必要です。行をしている者が花を見ていてどうするんだと言いますが、実際には天台宗には一木一草すべてに仏性があるとして、それに仏性を感じなければいけないとしている。要するに自然を感じなければいけない。すべてのもののかかわりのなかで、生かされ生きていること、草木の生きざまを感じながら生きなければいけないわけですから、そういうものを感じる余裕が必要なわけです。

それこそ早百合のさかりの時は、早百合を見て歩くわけです。私に取ってくれと早百合が呼びかけてきます。私は蕾のうちに探します。咲いた早百合は取ってきません。咲いたら誰でも探せます。私は咲かないのを探して取ってくるんです。なんで視力が〇・一しかないのに探せるのかと言われるんですが、逆説です。

目のいい人は早百合を探すんです。周囲の熊笹と同じ色ですから、咲かないと見つけられません。私は山の中に薄いピンクを探します。蕾になって開く四、五日前になってくると、いままで緑だった蕾がピンクがかってくる。だから前の日に通って気がつかなかった蕾に次の日に気がつきます。山の中で歩いていて、目の中に通っていく色が入ってくるわけです。それでピンクでわかります。脇を通っていても見つけられないのが早百合です。普通の場合、花と匂いで探しますから、咲いて初めてみんな気がつきます。早百合自体を探しますから、咲かないと見つけられない。

私は色で探しますから、見えていなくても見えるんです。熊笹の緑があって、その中にピンクがぽんと入ってくる。そのピンクでぱっと見たところに早百合の蕾があるわけです。それでわかる。ある意味では逆説です。だから十メートル先にあっても見つけられます。あそこにあの色があるのはおかしい。毎日見ている景色ですからね。

一回、黄色の小さい幻の蘭を見つけたことがあります。毎日歩いているところの足元にありました。ふっと通り過ぎてあれっと思って振り返ってみたら、その蘭がありました。自生蘭では非常に珍しいものです。

——それもやっぱり色ですか。

色です。私の視力は〇・一しかありませんから。結局基本的には好きなものはよく見えます。山の中で何も見えなくても、食べられるものは見えます。好きこそものの上手なれと言いますが、そういう部分もあります。

——でも〇・一といったら本当に見えないですね。時計はわかりますか。

場所でわかります。だからデジタルは買いません。たまに短針と長針がわからなくなる時があります。

——秒針がもう一本あると間違えますね。

だから私の部屋には秒針のある時計はありません。夜中に起きて時計を見た時には考えなければいけません。結局角度だけで何時だか考えているから、とんでもない時間に寝たり起きたりするとわからなくなる。時計を見て、いま何時だろう。だから部屋に五つも六つも時計が置いてある。

——回峰行の行中の食事はどうなっているんですか。

べつに精進料理という以外、拘束はないです。

——一日二回ですか。

三食食べた人もいれば、私みたいに二食でずっとやっていた人間もいるし、酒井阿闍梨さんのようにじゃが芋を主食とされた方もいます。

——いろいろですね。阿闍梨の場合は普通の食事をなさっていたんですか。

そうです。私は一日二食です。三食食べたら行中に太ってしまいます。ですから赤山苦行までずっと二食でやりました。それでずっと体重は六十三キロでした。

大廻りの時も全然痩せませんでした。大廻りは倍の運動量がありますが、倍食べていますから同じでした。大廻りが始まる前に、どれだけ痩せられるか楽しみにしていたのですが、全然変わりませんでした。今度の阿闍梨さんは元気がいいとみんなに言われました。いつも意識的にいい条件で行をしないようにしていたんです。山廻りをしている時でも、七時から十二時までゆっくり寝て、十二時から起きてということをしたことはありません。いつも九時頃まで起きていました。九時から寝て三時間しか眠らずに行をしました。自分でいつもある程度、厳しい状況を作ってやったんです。

そうでないと何かあった時に加減ができなくなります。常にいい状態で行をしていたら、悪いことがあった時に対応できなくなる。それだったら自分自身で厳しい状況を作って、ある程度追い込んだ状況を作ってやっておかないと、何かあった時に対応しきれなくなる。ですから山廻りでも夜は三時間とか二時間しか寝ていません。ですから大廻り中に、あまり寝る時間がなくても全然気になりません。

条件がそろった状態で力を出せるのは当たり前です。仕事と一緒です。環境を整えてもらって、すべて用意してもらって、いい結果を出すのは当たり前です。ただし常にそういういい条件で仕事ができるわけではない。それだったら、自分で自分自身を追い込み、ある程度悪い条件で仕事をして結果を出せるようにトレーニングし、経験を積んでおけば、それ以上悪いことがあっても対応がきくし、いい状況だったら楽にできます。そういうことで常にある程度自分で追い込んで行をしたのは事実です。楽をしないように。できて当たり前ですから。

——いちばんいい状態で行をしないで、悪い状態でする。

ある程度詰めるところまで詰めて、絞り込めるだけ絞って、ぎりぎりのところまで追い込む。普段から毎日続けられるところまで追い込んでいたということはあります。ですから二食しか食べない。夜は寝ないとか。行中に用事があって、友人のお坊さん数人が夜来てくれまして、いろいろと話をしているうちに十一時になってしまったんです。彼らはもう十一時だし、眠くなっても寝る暇もないし、帰ろうかと。がんばってなと言って帰っていくんです。無茶苦茶です。そういうもんです。要するに痛める者に鞭打つ世界です(笑)。

ただそういう経験をしておかないと、何かあった時に対応しきれなくなる。

――六年目で七百日まで終わって、それでその秋の十月十三日から二十一日まで堂入りということになるわけですね。これは前行があるんですか。

前行はないです。七百日終わって帰ってきて、その日の昼から入堂します。いきなり動から静に変わります。

――それはまたすごいですね。帰ってきて、もう次の日から。

次の日ではなく、その日の昼から入堂します。私たちの一日は昼から昼までです。昼で日が変わります。私たちの日の数え方は昼から昼までで一日で、夜中で切るわけではないんです。ですから夜中に巡拝することも一日のお勤めの中の一座です。最初のお勤めの夜を初夜座（そやざ）、夜中にするのを後夜座（ごやざ）、昼日中にするのを日中座（にっちゅうざ）と言います。日中座を終わって一日が終わる。ですから一七ヶ日と言った時はその七日間、ということは正味八日間です。三七ヶ日と言ったら二十一日です。ただ最初の昼から始まりますから、終わるのはもう二十二日目になります。一日の数え方が基本的に違います。午前零時からとは違います。正午から正午までで一日です。ここで考え違いをする人がいます。

――すっと堂入りに入ってしまうのですね。その日はこの写真にもあるように、皆さんそろって食事をなさるんですか。

今生（こんじょう）の別れの食事です。その日の回峰からもどり、自坊の大乗院でお勤めをして、その足でもう法

明王堂参籠に際してお別れの斎食

曼院に上がってきています。居間でじっと待っています。その時の写真です。平和な顔をしているでしょう（笑）。

——戦前兵隊さんが戦地に行く時の写真みたいですね。この時は先達は酒井阿闍梨さんですか。

先満が酒井阿闍梨さんです。先達は内海阿闍梨さんです。

——これで食事が終わって、その後すぐ昼からお堂入りですか。だんだん帰っていって、信者さんも……。

いっぺんにどっと帰っていきます。

——さみしくなりますね。

べつにさみしくはないです。代わってくれるわけではないですから。今、私のところには、私の弟子が三人ほどと、よそのお寺の小僧もいて、同じ年代のが五、六人います。彼らが冗談で言っていました。わしは山廻りするから、おまえ堂入りせい（笑）。この話には、じつは、その前がある。もし私の小僧の中で千日回峰行に入行することを許されるものがいたら、その時、五人ほど同じ年代がいる。千日回峰行を誰がやるんだろうと誰かが言い出して、もう手分けしてやったらという話になったというんです（笑）。

——そうすると全員いなくなって、お堂はばーんと閉められて、そこから先はもう阿闍梨お一人ですか。

私と助僧としてついてくれるお坊さんと二人です。

——阿闍梨さんはその中で何をなさるわけですか。

お勤めです。

——どういうお勤めですか。

明王堂参籠・入堂を直前に

一日三座のお勤め、お経を唱えます。壇に座ってお勤めをする。それ以外は脇座を作って、そこに自分の念持仏のお不動さまを置いて、そこでお不動さまを拝し、一洛叉（いちらくしゃ）、十万遍のお不動さまの真言を唱えるのです。

――そうすると歩くことはないのですね。

歩くことはないです。歩くのは仏さまにお供えする水（閼伽水（あかすい））を汲みにいく取水の時だけです。

――一日三座で、お不動さまの前でお参りをする。

それはお堂の中でのことです。

――あとは念持仏を拝む。それを不眠……。

断食、断水、不眠、不臥です。不眠は何も問題ありません。食べていませんから眠くなりません。腹が減りすぎたら、気が立って寝られません。

――気が立って？

気が立ってというか、胃に血が行きませんから、全部頭に上がってくるんです。頭が冴えてきます。夜中に腹が減って目が覚めたことないですか。あの状態の延長だと思ってください。何も食べていませんから、基本的に眠くないんです。歩いてきた疲れが残っていますから、最初のひと晩だけ眠い。次の日からはもう眠れません。ですから堂入りを満行したあとは眠りこけたと思っている人がいますが、私はほとんど寝ていません。食べていないから眠くないんです。

頭は爽快です。全部頭に血が行ってくれますから、普段回らない頭がよく回ります（笑）。こんなに回っていいのかなと思って、自分で賢くなったような気がしました。いい原稿を取ろうと思ったら、

念持仏の不動明王

書く人にはものを食べさせないほうがいいですよ。食べるものを取り上げて飢餓状態にして書かせたほうがいい（笑）。

人間に絶対に必要なのは食欲と睡眠欲です。堂入りとは、断食断水によって食欲、不眠不臥によって睡眠欲を否定するわけです。お釈迦さまが七年間の苦行をされ、この苦行では悟りは開けず、苦行林から出てこられます。それで村の娘スジャータから醍醐味を供養されます。いまで言うヨーグルトだと思います。それで体力を養って、菩提樹の下に座って禅定に入って、いろいろな魔と戦いながら悟りを開かれた。堂入りは基本的にはその追体験です。

入堂した最初の日は胃の中に食べ物が残っていますから、眠気があるけれども、次の日からは食べていないからもう眠くないです。あとは頭が冴えるだけです。終わっても同じです。食べていませんから眠くないんです。私はこんなに頭がよかったんだろうかと思うほど頭が冴えます（笑）。

——全知全能になってしまいますね（笑）。

あのまま一生続けていたらね。こんなに太ったらだめですね（笑）。

——水ももちろん飲めないわけですね。これはどうですか。

やっぱり大変です。

——うがいは許される。

中日（ちゅうにち）からは、うがいが許されるのですが、うがいをするとかえってしんどいんです。断食、断水をするので、だんだん喉が乾いていき、最終的に口の中に唾液の粘液だけ残ります。口が変にねばねばします。うがいをさせてもらうと、糊みたいなのが全部出てしまうんです。それで口の中がからっとして乾いてしまいます。うがいをすることによってかえって喉が乾いてしまいます。うがいというのは考えようによっては酷です。

面白いなと思ったのは、本当に情けないんですが、飲みたいと思ったんです。取水の時に水が飲みたいと思ったら、口の中にちょろっと水が湧き出てきました。唾の出るところからちょろっと水が湧いて出てきました。すごいと思いました。体が水を吸うんです。皮膚呼吸ですから、口で飲まなくても体が水を吸ってしまうんです。

——そうすると雨が降ってくれたら最高ですね。

本当に楽です。

——いままでの堂入りで雨が降ったことはないんですか。

そうともかぎりませんが、必ず雨乞いに行くんです。以前、堂入りを満行された阿闍梨さまが堂入り中に一滴も雨が降らなかったのを気にされて、その時期の天候、降水量について調べられたんです。すると堂入りをしている最中は、一年じゅうでいちばん雨の降らない時期だったんです。気象庁の記録でも降水確率がいちばん低い。みんな同じ十月十三日に入堂することになる場合が多いんですが、これが年間降雨量のいちばん少ない時期です。いちばん雨の降る確率の少ない時に雨の欲しい行をしています。

——阿闍梨さんの時は取水の時に降ってくれたんですか。

降ったんです。霧雨みたいなのが降りました。

——それはよかったですね。

一生懸命雨乞いをしてくれました。

——喉はずっと渇いていたんですか。

渇いていましたね。閼伽井に近づいて行くだけでも楽です。水がばしゃばしゃと落ちている音を聞くだけで楽です。

——取水の時だけ外へ出るわけですね。

そうです。私の師匠がうがいをするのに、前の日に汲んだ水と、その日に汲んだ水がわかったと言っていました。うがい用の器が二つあり、一方は空で口を漱いだ水をはき出すようになっています。そうして、うがいをした時に水を飲んでいないか確認します。断水をしていますので、飲むわけにはいかないのですが、味覚はありますので、まずいとか苦いとかの記憶があります。それで助僧をしていただいた者もだいぶ慣れてきて余裕が出てきてからは、比叡山中にあるいろいろな閼伽水を汲んできてくれました。そのため山じゅうかけずり回ってくれました。山の中へ行くついでに松茸も探してくる。結構採ってきたようです(笑)。

——松茸を採ってくるというのはいいですね(笑)。

気持ちの余裕です。余裕がないといけません。助僧の方々も堂入りの修行をさせていただいている私と一緒に修行してくれているようなものですから、緊張の連続です。

私自身より周囲の方が大変なことも多いですから、緊張しっぱなしでは、いざという時に力が発揮できなくなってしまいます。

——だんだん痩せてくるわけですね。寝ていないし、食べていないし、飲んでいない。それで真言だけ唱

取　水

えている。

ですから三日目ぐらいに私が死にそうだといって大騒ぎしたらしいです。どうも、はたで見たらもう死にそうに見えたらしいです。それでそばについていた助僧が先達さんのところに駆け込んできて、もう死にそうです(笑)。先達さんが慌てて上がってきて、私を見て大丈夫やと言って帰っていきました。

――ご本人の意識としてはどうだったんですか。

全然そんな意識はないです。一回お堂の中で倒れましたけどね。四日目か五日目ですか。立った時にくらくらっとしました。もともと起立性貧血症で、立ちくらみがすごいほうです。それで一回お堂の中でひっくり返りました。その時は助僧はいませんでしたので、自力で起き上がりました。

――大変ですね。取水に出掛けられる時は、どのくらいかかるんですか。

堂入り直後は十五分、結願(けちがん)近くは一時間ぐらいかかりました。

――行って帰ってくるわけですね。最初は往復で十五分。あとになると、一時間かかる。すぐそこの井戸ですね。

酒井阿闍梨さんが一時間半かかったそうです。

――阿闍梨さんはどうだったんですか。

自分の意識では足どりはしっかりしていました。ただ進みぐあいは、まるでスローモーションです。前に助僧の方々が提灯を持って進んでいくんですけれども、周りの者もそれに合わせてゆっくり、みんなが申し合わせたようにゆっくりと。

かない。

――ご本人もスローモーションだなと思いながらやっていらっしゃるんですか。

動けないんです。べつにポーズしたわけではなくて、精一杯歩いてそうです。自力で一生懸命歩いているんです。早く行って早く帰ってきたほうが楽ですから、早く行きたいんですけれども、足が行かない。

――はたから見ていたら大変だったでしょう。

一日目のショックは大きかったと思います。急速にすごく痩せたから。二日目からはそう変わって見えないから、さほどではないだろうと思います。

――見えるところが痩せた時のショックのほうが大きいですね。

私はすぐ顔が痩せます。一日目に顔が痩せて、二日目から体が痩せ始めます。ですから二日目からは、外見上は変わらなく見える。

――取水に行く時も、天秤棒をかついでいるようにしているだけで、実際には、阿闍梨さんの肩にはかかっていないんですね。

両側で前後で持ってくれていますから。人間の精神力はいかに違うのかと思ったのは、最後の満行の日に取水に行った時は、きちっと自分で杖を持っています。ところが、堂入りがすんで朴(ほお)の湯をいただいて、最後に簀子(すのこ)橋というところへ行く時には、自分でもう満行したという意識があるわけです。緊張感がある意味では消えています。杖を握ろうにも、手が動かなくて杖が握れない。ですから出堂の時は杖も握っていません。あの時は脇にいた助僧が全部私の杖を代わりについてくれています。手がその時点ではもう動かず、指を動かすことができませんでした。

脇についた助僧が私の代わりに私がついているようにして、私はそういう格好をしているだけで、杖も握っていません。一時間前の取水の時にはちゃんと自分で握っているんです。杖を握って、天秤棒を握って歩いているのに、一時間後にはもう握れませんでした。これだけ人間の精神力というのは違いがあります。自分でつくづく思いました。堂内を三匝（さんそう）して、壇に戻って、朴の湯をいただいた時点で、ある意味でぎりぎりの状態でやっている緊張感がもう消えています。それでいざお堂を出ようと思って杖を持たせてもらっても、手が動きませんでした。それで私をかついでくれた助僧の一人に杖が持てないと言ったんです。格好だけでもしてくださいと言うので格好はつけて、脇で代わりの者がついていました。

——頭は明快なんですね。

明快です。

——しゃべるのも大丈夫なんですね。

断水をしているので言葉を発するのは容易ではありませんでした。ただ、あれだけ何百人という信者さんが参拝にきていただいて、真言を唱和してくださっている。その中でうちのおふくろの声がはっきりと聞こえました。

——そのくらい冴えているんですね。

肉親の声というのはやっぱりすごいですね。脳血栓で意識不明になった人間に身内の人間が声をかけたら意識が回復すると聞いています。脳血栓か何かで倒れて、意識不明になった小学校の先生に、クラスの子が歌を歌ったテープを聞かせたら、生き返ったということがあります。何百人という方が

出堂前、朴の湯を口に

私を心配してくれて真言を唱えてくれている中で、うちのおふくろがぼそっと声をかけてくれたんです。その声がはっきりと聞こえました。やっぱり親の声です。

——お母さんは何とおっしゃったんですか。

ご苦労さんと言ったんです。親に褒めてもらったことがないから、うれしかったですね(笑)。お参りに来てくれた方は二、三百人いたんです。それで皆さんで真言を唱えてくれている。わあーっという唱和の中でおふくろの声だけは、はっきり聞こえました。すごいもんです。あの声の中から自分で聞き分けるんですから。それだけやっぱり自分が普段接している人間の声は別なんでしょうね。おふくろの声が聞こえたのにはびっくりしました。ぼそっと言っただけです。隣にいた兄貴は聞いていません。兄貴はわからなかったと言っています。

——たとえば線香が燃え落ちる音が聞こえるとか言いますね。

私は身体を絞るだけ絞って入ったんです。そのため、思っていたよりも急激に体力が落ちなかったので、そういう体験はありませんでした。急激に落ちた場合など敏感になりすぎ、そういう状態ではそういうことがあるかもしれませんが、私は脈拍を取ったりして、あくまでも冷静に自分が衰えていくのを観察していました。

——いつですか。普段?

堂入りの最中に。自分の状況を観察しながらやっていました。

——そういうことに気を配りながら真言を唱えていたわけですか。

脈拍は落ちないんですが、打つ力は弱くなっています。最初のうちは普通に数えられたのに、よく集中しなければ数えられないくらい打つ力が弱くなりました。基本的に血がきていませんから。

――脈の回数は変わらない。

減りました。どちらかと言うと、自分で自分を観察する癖があります。醒めていると言ったらおかしいですが、もう一人の自分が必ずいました。

――ほかにはたとえばどんなことを観察なさいましたか。

着るもので全然違いました。よく重病の人が、死期が近くなると布団を蹴るとかいいますね。あれは布団が重くなるからではないんですね。人は衰弱してくると暑くなってくるんじゃないんですか。私は堂入りの後半には夏物の白衣を着ていました。

堂入りに先だって用意しておいた白衣は、堂入り後に気がついたのですが、全て丈が短いものでした。堂入りの間に、着た時は全然気がつかなかったんですけれども……。その当時、白衣を縫ってくれていた信者さんは、自分の両親を自宅介護し、死ぬまで看取った方です。堂入りをすれば当然身体が衰えてくるから、身体が縮むということで、最初から短く縫ってありました。感心しました。後で着たら全部短いんです。

なんで短いんですかと聞いたら、身体が衰弱してくると必ず体が縮むから短く縫っておいたと言うんです。びっくりしました。いまはほとんど病院で死をむかえるから、自宅介護をする人はほとんどいないのではないでしょうか。ところがその方は自分のお父さんを自分の家でつきっきりで看て、看取ったので、自分の親が縮んでいくさまを見た。大きかったお父さんがだんだん衰えていって、縮んでいって、それで亡くなったさまをずっと見ているので、私もそうなるだろうという予測のもとに着物を縫ってくれたんです。
もうひとつ感心したのは、暑くなるからと薄い布を選んで縫ってくれました。最初から冬なのに夏物を用意してきました。そんなと言っていたんですが、袴も冬物と夏物と両方用意していました。十月ですし、私は寒いだろうという予測でした。実際に入堂の日はすごく寒かったんです。みぞれが降りました。ところが入堂してみたら暑かったんです。結局最終日は、暑いので夏物を着ていました。

——はたから見ていると、やせ衰えてすごくなって出てこられる。ところが夏物を着ていたんですね。

それでも暑いんです。

——でも食べないと体温は……。

上がっているんじゃないですか。測定したわけではありませんが、感覚的にいちばんわかるのは、徹夜したら体がほてってきます。徹夜したことがあるでしょう。ぽっぽっと体がほてるでしょう。あれと同じような感じです。十月に夏物です。

——満行されて最後に、堂内を三匝なさるわけですね。最後にお堂の中を三回回らなければいけないわけですね。これは自力で回るのですね。

自力で回る。これは決まりです。

——これはしんどいんですか。

三匝でつまづいたりしたら死ぬと言われています。堂入りに入る前に言われたことは、終わった時の三匝の時には、とにかく細心の注意を払え。なにも慌てることはないから、できるだけゆっくり回るように。昔からその三匝でつまづいたりしたら、死ぬと言われています。

明王堂参籠（堂入り）出堂

――でも速かったそうですね（笑）。

無事、成し遂げられたということで気持ちは晴れ晴れ（笑）。でも体がついてこない。ですからもう杖も握れない。

――周りに信者さんはいらっしゃるんですね。それでひと回りした時にちょっと休まれた。

三匝の最中に、*41須弥壇（しゅみだん）の裏の見えないところで一息つきました。一息つかなかったら歩けません。心臓はもう動悸も速いですしね。基本的に脱水状態で心臓から遠い部分には血が行っていないんですから、自分で意識して命令してもなかなか身体が思うように動いてくれない状態です。

――それで無事に終えられて、お母さんの声も聞かれた。

死にかけたような状態でやっているわけですから、子どもの気持ちとしては辛い。親に見せたくないという意識があります。兄弟が見るのはしょうがないけれども、親には見せられない姿です。土足（どそく）参内（さんだい）のような晴れ姿は見せても構いませんけれども、堂入りとか十万枚大護摩供とか、極限状態になって、それこそ生きるか死ぬかでやっているような状態を親に見せたくはないですね。

十万枚大護摩供の満行の時でも私の身内も参拝に来ていたんです。お堂に入らないように言っていたんですが、信者さんが母に気づき、前のほうに出て、お参りできるようにしてくださったんです。入堂したら目の前に母親が座っていました（笑）。子どもの気持ちとして、あまりああいう姿は親には見せたくないものです。

堂入りの生理学――欲望否定のメカニズム

――そういえば、便通のほうも……。

別に苦労していません。

――阿闍梨さんによっては宿便で苦労なさるそうですね。

私の師匠は苦労したみたいです。私の師匠が数年前に胆石で入院しました。胆汁というのは胃にものが入ると出る。断食をするとその間は胃にものが入ってこないので、胆汁を分泌する必要がない。それが胆石となって、断食の回数だけあると言われたらしい。私の師匠は胆石が十何個あったんです。それで胆管が詰まってしまって、胆嚢が腐ってしまいました。どうもそれまで堂入りとかで断食を重ねてきたために、胆汁が固まってしまって胆石になったらしい。

私は千日回峰行に入る前に知り合いの胃腸科の先生に行って聞いたんです。どうしても断食しなければいけないんだけれども、どうしたらいいんだ。先生はそんなものするもんじゃないと言われた（笑）。人間は腹が減った時に食うのが当たり前であって、食わないのはいけない、というわけです。

断食道場などでは宿便を出すといいと言いますが、その先生に言わせると、本来は燃やさなくてもいい繊維まで燃やしてしまうので、こびりついてしまう。かえって胃腸の壁を傷めてしまうそうです。宿便って誰も見たことがないでしょうと言うんです。黒いのが本当に宿便なのか、リンが燃えたのかどうかはわからない。食べ物が入ってこないので、残っていたカスが燃えてしまう。だからそれはリンではないか。宿便ではないということでした。

41 **須弥壇** 本堂で仏像を安置する壇で、須弥山（仏教の世界観で、世界の中心にそびえ立つという山）をかたどったという。

――宿便というのは、ないと。

生理学的には、腹が減った時にものを食べるのがいちばんだと思います。一日三回でも四回でも食べたらいい。だから老人の食べ方がいちばんいいんです。一日じゅう腹が減ったらちょこちょこ食べている。食べられる老人は長生きします。医学の常識、生活の常識、仏教の常識といろいろな常識があるわけです。それをどこで折り合いをつけてやっていくかです。

一日三食というのは人間の生活の都合上できたことです。どこかの国みたいに、お昼に家に帰って二時間も三時間もかけて食べて、お昼寝して会社に帰ってくるような生活を日本でしたらどうなりますか。日本人の勤勉な頭で作られた食事のパターンです。これは習慣です。ただ悪しき慣習というのもあります。

――そういう意味で言うと、堂入りは飲まず、食わず、眠らずですから、人間の自然の生理からいったら全く逆のことをやっているわけですね。

基本的には睡眠欲と食欲を断つわけです。堂入りという修行は欲を完全に否定するんです。本来、欲というのはコントロールする対象であって、否定する対象ではないんです。人間というのは三欲がなかったら人間として存在できない。食欲、睡眠欲、色欲の三つです。色欲というのは、性欲も含めて出世欲とかそういう全部の欲が入ってきます。色欲はいわば人間が活動する基盤となる欲です。これらはコントロールする対象であって、否定する対象ではないんです。

欲がなかったら人間は進歩できない。欲があるからいいんです。あくまでも修行の上でも欲というのは否定する対象ではなくて、コントロールする対象です。欲がなかったら修行することもできません。ところが堂入りは完全に食欲と睡眠欲を否定してしまう。お釈迦さまが開悟された時の追体験ですし、欲を完全に否定するから生き仏と言ってもらえる。欲を完全に否定していますから、人間としての存在基盤を否定してしまったわけです。ですから生き仏になれる。たった九日間だけですけれども、堂入りというのは、断食、断水、不眠、不臥によって、人間の存在基盤を否定するんです。

色欲は最初から完全にコントロールしています。しかし人間が生きていく上で睡眠欲と食欲は絶対否定できない。ところが堂入りはそれをも完全に否定してしまう。人間が生きている本質的な存在基盤を否定するんです。そこから始まるのが堂入りです。

だから堂入りに入った時に空腹にさいなまれるというのはおかしいわけです。私の場合は空腹感を味わわなくてすむように、堂入りに入る前に胃を小さくしてしまった。ところが、座ってすぐ目の前にお供物で上がっていたミカンがおいしそうだったんです。腹が立ちました。ここまで体をならしてきたのに、なんで礼盤(らいばん)に座ったとたんにミカンをおいしそうだと思わなければいけないのかと思って腹が立ちました(笑)。

——それまでにたしかほんの小さなお椀一杯のご飯ですませたとおっしゃいましたね。それをどのくらい続けられたんですか。

百日間かけて一勺(いっしゃく)にまで絞りました。その時に思ったんですが、食事の量を一勺まで絞ったころには、髭が伸びないんです。三日で一日分ぐらいしか伸びない。要するに体のエネルギーの余った分が髭とか髪になる。ですから私の堂入りの写真は全然髭が伸びていません。もう身体を絞るだけ絞ってしまったので、入る前からもう髭は伸びていなかったんです。

それで私の師匠や先達さんにはものすごく心配をかけました。入堂した時に、已満（いまん）の方にもう入って三日目みたいな顔をしているではないかと言われたんです。そこまで絞ってしまっていましたので、入堂一週間ぐらい前からもうほとんど髭も伸びていません。髪の毛も伸びていませんでした。完全に自分で追い込めるところまで追い込んでしまっていた。ですから入って空腹感は全然なかった。すこしやりすぎたなと思っています（笑）。

――百日かけて絞っていったんですね。そうすると一日二回の食事は……。

一合から始めて十日ずつに一勺ずつ削っていったんです。一勺減らすたびに五百グラム痩せました。それで七里半毎日、巡拝するために歩いているんです。ですからダイエットがいかに大変かとしみじみ思いました。これだけ運動量があって、一日五勺に減らしても、もう三日目には体が慣れてしまいます。一勺落とした次の日に体重を計ってみると、五百グラム痩せるだけです。それで三日経ってしまうと体がその生活に慣れてしまいます。そこからもう体重は動きません。また十日で一勺減らすと、また五百グラムぐらい落ちます。七勺から六勺に減らすと三キロぐらい痩せました。

五百グラム体重が痩せた日はやっぱりしんどい。でも次の日はもうなんともありません。あれだけの運動量があって、夜の夜中に起きてお勤めをして、要するに人と逆の生活をするわけです。それで三十キロ歩く。しんどくて当たり前です。自分で体を絞り込んでいるんですから。

それで私の師匠が心配して途中で見に来ました。私が体を絞り込んでいるというのを聞きつけて、先達さんが心配しだしました。先達さんも私の師匠も、入堂前の僧侶方とのお別れの食事のとき自らも食事をして入堂しています。昔はおはぎを食べて入堂したといいます。

――がばっと食べるんですか。

二、三個です。もち米で腹持ちがいい。糖分の補給にもなる。少しでも長くもたせて入ろうということだった。私は逆をしたわけです。堂入りして、二日目、三日目には血尿が出ます。もう体に余分な水分がありませんから、血を絞り出すんです。血が水分になって出てくる。真っ赤な小便です。先満さんに聞いたら、大便をすると体力ががたんと落ちると聞いていました。私は一週間にいっぺんも便所に入っていません。

――大便は出なかったんですか。

はっきり言って出すものがなかったんです。出すものがないところまで体を絞っていました。ですから堂入り九日間のあいだに一回も大便をしていない。自分で意識的に一日一回だけ小便に入っていました。

――尿意があるから行くのではなくて……。

尿意もある程度あるんですが、べつに行かなくても、辛抱したら出もしません。断水で脱水症状の状態で小便をするために血を絞っていますから、回数は少ないほうが楽でしょうね。先満さんが二日目か三日目かに大きいほうに行って、その後ものすごく疲れたそうです。それをうかがっていましたので、大便をしないようにして入りました。堂入りの前日くらいから十日間ほど、全然便所に行っていません。出すものがありません。最後のほうは一勺に絞った中でも、おかずも全然胃に残らないものばかり食べています。大便に出るものがないような食事にしていました。

――阿闍梨の場合は相当計画的になさっているんですね。

そういうことを考えるのが好きです。ただ同じことを下の者にしろとは言いません。私は一合から始めて一勺に絞るまでのあいだにさんざん空腹感と戦いました。先の苦労をしておいたら後の苦労が楽になります。その中では、どうしても腹がすいたら、水を一杯余分に飲んだらいいんです。水一杯で腹はぱんぱんです。あのころは飲むヨーグルトとか、果物のジュースを飲んでお昼にしていました。それを多めに作ったらすむことです。前行中ですから、その加減はいくらでもできます。

――たとえは悪いですけれども、試合に臨むボクサーが減量しているようですね。

ボクサーは二時間前か三時間前に計量がすんだら食べられますけれどもね(笑)。

――相当科学的にというか、きっちり体を作っていったんですね。

理詰めでやっているつもりですが、梨のジュースを飲んでみたりね。下痢をしてから気がつきました。あっ、これは陰の食べ物だった。腹を冷やすから下痢するんだ。わかっているはずなのに、どこか抜けています。抜けているから面白いんです。これが完璧だったらもう人さまに来てもらえなくなります(笑)。抜けているから面白いんです。

――出堂されて、体を戻していかれるのが、大変ですね。

出堂前に朴の湯を飲むのですが、それは儀式かと思っていたんですが、スジャータがお釈迦さまにヨーグルトを差しあげたのになぞらえているのかもしれませんね。

ところが、朴の湯の原料は、朴と蒼朮(そうじゅつ)、それと甘草(かんぞう)です。甘草は甘味だから糖分というのはわかります。あとの二つはどういう効き目があるのかというと、胃腸の働きをよくする。胃腸の働きが全く止まっている状態にそれを飲んで促進させる。ちゃんと考えてあるんです。

ちなみに、甘草の糖分は、同じ糖分でも砂糖の甘さとは全然違うんです。はんぱな甘さではない。飲んだら口の中がべたべたになる。甘草の甘さはすごいです。頭が痛くなるほど甘いです。結局糖分補給です。胃腸科の先生が砂糖水を飲ませておいたらいいと言ったように。私は葛湯を飲みました。

——葛湯ですか。

重湯と葛湯ですね。明王堂では葛湯を信者さんにお供物として配っていますが、ものが食べられないような状態で病院で寝てる人でも、うちの葛湯は食べられるそうです。実際に東京の信者さんが、病気のためがりがりなんですが、その方が葛湯だけで半年間生きています。葛湯以外何も食べない。一日一箱、朝と晩に一個ずつ食べて、それでもう一年以上生活しています。

——どこかが悪いわけではないんですか。

胃腸が悪くてほかのものをもう受けつけません。ただ自分の仕事があるということで、絶対に譲らない。骸骨みたいな人で、葛湯だけで生活しています。

——重湯といえば、何かお師匠さんが、怒られたとか。

断食療法をしている人はキャベツで戻します。ですからそういう人がいて、キャベツを食べさせようとして、キャベツを用意していたんです。それで私の師匠が怒って、そんなのはだめ(笑)。それで昔からの戻し方どおり重湯で戻すということになったんです。

梅酢とキャベツが置いてありました。断食道場などは梅酢を飲んで強制的に下痢をさせます。それでキャベツの繊維で腸を洗ってしまえというわけです。キャベツを食べて、梅酢を飲んで、強制的に下痢をさせて胃腸を洗浄してしまいます。その方法をやったほうがいいと言われて、その用意をある程度してあった。そうしたら私の師匠は、それはだめだ。昔式の重湯でちゃんと戻しなさいということで、急遽、重湯を炊いてもらったんです。一分粥をまた布で漉すんですから、ほとんど水です。糊を飲んでいるようです。

いちばんわかりやすいのは、炊いて煮崩れするものは消化がいい。炊いてかたちの壊れないものは消化が悪い。豆とかね。米も炊いてなかなか壊れないから、本来消化は悪いんでしょうね。それだったら芋のスープか何かのほうがよほどいいはずです。料理をした時にどういうかたちになるかで、消化がいいか悪いかを見極める。

豆は二時間も三時間もかけてもだめです。豆腐は絶対に消化がわるいと思います。夏場に胃腸が弱っているから冷や奴を食べるなんていうのは間違いじゃないんですかね。かえって胃腸を弱めるし、胃を冷やします。消化しないんですから。豆はいくら煮ても崩れない。豆腐も煮てもすができるだけで、崩れません。炊いて溶けるようなものは消化がいいんです。ジャガイモなどはいちばんです。あれは健康的です。

——堂入りが終わった後は、少しずつ食事も馴らしていったわけですね。それであまり眠らなくてもすんでしまう。

食べる量が増えていくにつれて寝る時間も増えていきます。食べ物もあれが欲しい、これが欲しいと(笑)。

第五章　人々の祈願とともに——千日回峰行II

苦難をバネに工夫する

――千日回峰行は、おおまかに、堂入りまでの最初の七百日は自利行で、あとの三百日が化他行だということでしたが、ここからは、その後半の部分をおうかがいしていきたいと思います。

八八年に堂入りが終わって、次の年に赤山苦行に入るわけですね。もうだいぶ雰囲気が違ってこられたのではないですか。阿闍梨さんがその節目ごとに大きくなって見えてきたというインタビューがありました。

あのころは行を重ねるたびにいい顔になってきたと言われたこともありました。このごろはだらけきっています(笑)。冗談ばかり言って生活していますから。過去の栄光をしょって、だんだん看板が重くなってきます(笑)。

――やっぱり堂入りを終わったあとの阿闍梨さんということで、赤山苦行の出発はすごいでしょう。

べつに変わりはありません。

――信者さんのほうがすごいでしょう。

そうでもないです。じわじわしか増えていません。ただ来てくださる方は、ずっと参拝に来られていたという方が多いです。

――赤山苦行は十五里を歩かれるわけですね。

七里半の倍の数です。正味四十キロほどではないでしょうか。

――やっぱり大変でしょうね。

もともと腰が悪かったですからね。千日回峰行が終わってから整体術の先生がご縁があって、定期的に明王堂まで来てくださって、整体をしていただいてからたいへんよくなりました。いまはほとんど膝の痛みを意識せずに坂を普通に歩けますし、ほとんど痛くないです。行中は腰が悪いのと膝が痛いのとで、自分で意識をしなかったら左足が出せなかった。ものすごく下り坂で苦労して、下り坂で体力をものすごく消耗しました。

私は下りも上りも結局同じスピードでした。下りは速いのが普通ですが、私は下りが遅いですから。腰が悪いせいで、結局下りでスピードが出せないので、下りが遅かったんです。ですから上りも下りも私は同じスピードで歩きました。かえって上りのほうが速かったくらいです。上りはそういうのは気にしなくていいですから。

いまはもうほとんど意識せずに歩いていますけれども、行中は常に自分で左足に命令しながら歩いていました。千日回峰行のあいだ、少しでも左足に負担がかからないようにいろいろな歩き方をしました。つま先だけで歩いてみたり、自分で工夫をしながら、いろいろな歩き方をしました。いまは何も考えないでべたべた歩いています。それでも膝は痛くなりません。

大廻り中にいろいろな歩き方をしました。いちばん脚力が強いと思えた時は、つま先だけで歩いて、踵をつかずに山を一周して帰ってこれました。そのくらい足が強かったんです。踵をつかずに一周してくるだけの力がつま先にあった。それだけばねがあった。大廻り中にアスファルトの上を歩くと、山の中を巡拝するのと違いマメができるんです。また長時間、お参りのため歩き続けるので、意識的に足の筋肉を順番に休ませながら歩くことができました。

——すごいですね。

足の裏にマメができると別のところで歩いて、その場所にマメができるとまた別のところで歩く。それをくり返す。順番順番に歩きますから、マメができても破れることがありませんでした。マメが二重三重に、マメの中にマメができて、その中にまたマメができるという状態になっていきますけれども、大廻りをして歩いても破れることはありませんでした。

いまでもそうです。切廻りでも一日だけなのにすぐマメができます。マメができたら違うところを使って歩きますから、毎日同じペースで歩ける。自分で意識して、足の筋肉でも違う筋肉を使って歩いています。ちょっと歩き方を変えて、違った筋肉を使って歩きます。器用だなと思いながらやっています(笑)。

——要するに膝から下で歩くわけですか。

むこうずねあたりに蹴る力の筋肉があるそうですが、これは日本人は根本的に弱い筋肉なんだそうです。その筋肉が行中には異常に発達しました。

——すべての行者さんがそういうわけではなさそうですね。

そうですね。私は腰が悪くて、膝が痛くない日はなかった。常に痛い状態で歩いていましたから、それをカバーするために、どういうふうにして歩いたら痛くないかをいろいろ考えながら、歩いていました。そのおかげで蹴る力の筋肉が発達したのですから、必要のないところに工夫は生まれないということです。足の丈夫な人はそういう工夫をする必要はないわけです。私は足が悪いおかげで、そ

ういういろいろな工夫を重ねて自分で鍛練してきました。

膝を傷めないためには踵をつかなかったらいいと考えたわけです。それで踵をつかずに歩けるように行中にトレーニングしたんです。最初のうちは痙攣しました。やっているうちに、六百日のころは、もう踵をつかずに帰ってこれました。そのくらいの足の力はありました。

それでも私の師匠ほどではないです。師匠は大廻りの前にトレーニングでここの無動寺坂を二回、三十分ぐらいで往復しています。兎飛びで玉照院から本堂まで往復したというんですから(笑)。本堂前の長く急な階段を兎飛びするのは、容易ではないですよ。

——それは筋肉がついたでしょうね(笑)。

師匠は普通じゃないです。三時間半で山廻りをした。とにかく速かった。師匠は絶対に走らなかった。一度、靭帯を切っていますから、走ってひねったら取り返しがつかない。回峰行は本質的に歩く行ですから、絶対に走ったらいけないんです。走ったらいけないという思いもありますし、走ることに対する恐怖感もあります。だから絶対走らなかった。

それでもとにかく速かった。坂本から無動寺坂を上って明王堂まで十八分です。考えられますか。坂本からですよ。とにかく地面につかない。ついている暇はありません。すうっと上がっていきます。私は無動寺坂をいつも三十五分で上がっています。普通の人なら小一時間かかるでしょう。師匠はあっという間にいなくなります。走っているわけではないです。すっすっすっと歩いているだけです。

学院の先輩が里坊で小僧をしていたころ、ちょうど師匠が大廻りの時で、無動寺坂の登り口のところに二日に一度、お供養を届けていたんです。お供養をいただいた後に、師匠が「行くぞ」、「行ってらっしゃいませ」と先輩が頭を下げて、頭を上げたらもういなかった(笑)。それくらい速かったと言っていました。それでも走っていなかった。私は師匠の行中を知りませんが、先輩は師匠の行中を知っているんです。

話はとびますが、私が小僧で入ったころに、師匠からまずかたちを作りなさいと言われました。いつもお坊さんらしい格好をしてかたちを整えたら、内容もある程度出来上がってくると言っていました。まずかたちを作る。仏作仏形(ぶっさぶつぎょう)です。まず環境を整える。衣を着たら、衣を着たなりに中身が備わってくる場合がある。外身を作らないことには中身はいつまで経ってもできてこない。ある程度できたら外は関係なしにできますけれども、中ができていないうちは、やっぱり外を大切にしないといけない。そういうことをよく言われました。まずかたちを作って、その次に行なえと。行者の格好をしている時には、行者らしく姿がばちっと決まっていないといけない。

――そのばちっという姿かたちで京都大廻りに出かける。

京都大廻りだけではなくて、常にそうでした。こういうふうにして夕方話をしたとします。出峰(しゅつぽう)のお見送りに来てくれた人が、私が夜中に起きてお勤めをするのを待っていてくれる。私が浄衣を着ると別人だと思うらしいんです。それくらい私はイメージが違います。普段しゃべっている時と、法衣を着た時のイメージとは違う。初めて見た人はみんなそう思うらしい。

いまの人はさっきの人と別の人だ。でもよく見たら同じ人だとよく言われました。それくらい変わる。法衣を着た時には、やはり気も引き締まりますから。ここで話していてお勤めに行きますね。それで仏さまの前に出た時の顔は違う。多重人格ですから、こちらで見せる顔と、あちらで見せる顔は違います。ある意味では風見鶏です(笑)。

京都大廻り

――京都大廻りは九〇年ですね。

書いてあるとおりです。すんだことは自分でわかっていません。はっきり言って、自分が何年に何をやったかという年の感覚が全然ありません。全然頓着していません。何年前に十万枚が終わったのか。周りの人間に聞かないとわかりません。

――自分のお年も頭にありませんね(笑)。

この前、新聞社の人に言われました。電話の取材だったんですけれども、読売新聞か何かの記事に載ったことがあるんですが、その時に四十ですと言ったんです。えっ、阿闍梨さん三十九でしょ、と言うんです。ふっと考えたら私は三十九なんです。普段はかぞえで年を考えているから、四十一で前厄だったんです。

前厄で四十一だということが念頭にあり、信者さんにも、もう四十になりますよと言っていたんです。それで電話で取材があった時に、新聞社の人にまだ三十九ですよと言われて、あっ、私はまだ三十代だ、若かったんだと思いました(笑)。だから六月ごろから三十九に言いかえています。普段はかぞえで年を数えていますから、かぞえで四十一の前厄だ、来年は本厄だと思って生活していますから、二つも年を損しました(笑)。

——さきほど赤山苦行で、熱心な信者さんがずっと毎日参拝に来たという話がありましたね。京都大廻りで回っていても、歩く道順は決まっていますね。そうするとお加持を受けに出てくる人はほとんど決まっていますか。

だいたい決まっています。ですからお数珠を受けるのも五十日皆勤という人がいると思います。

——時間も決まっていて、時計のように正確に来られるわけだから、信者さんのほうもその時間にいればいいわけですね(笑)。

一瞬遅れたらもう私はいません(笑)。

——子どもさんからおばあさんまで。

中間の方もいますが、だいたいはお年寄りと子どもです。沿道の人は、ただお数珠を受けるものだと思って座っている人もいます。三年ほど前、大阪で保護司の仕事をしている女性の方が来られた時に、話していたら京都の出身で、小さいころいつもお数珠を受けていた。ただ阿闍梨さんが来て、お数珠をもらうという頭はあったけれども、どこから来るかはみんな知らなかった。二十七ぐらいの娘さんでしたが、七つぐらいまで数珠を受けていたそうです。

ただ受けるものだと思い込んでいて、どこから来るかは全然考えなかった。とにかく阿闍梨さんが来て、お数珠を受けるものだというふうに育ったと言っていました。仕事でここに来て、こんなところから来られていたんですねと言っていました。ここに来て、このお笠を見て初めてわかったわけです。こういう人に昔、子どものころお数珠をもらいましたというわけです。

——いい話ですね。

私たち行者が切廻りや大廻りで常に通っている行者道で、堀川通とか千本通などがありますが、そのあたりは住民の移動が多いので、お数珠を受ける人は少ない。堀川通などはとくに少ない。昔から住んでいる人間が変わっていないところは、お数珠を受けにきてくれます。「あっ、今度の人は若い」とかね（笑）。私の前に酒井阿闍梨さんが修行されていますので、酒井阿闍梨さんのイメージが強いわけです。最初の百日にお数珠を受けながら、座った状態で頭を下げてくださっているのですが、顔を横にして私のほうを見るわけです。「今度の阿闍梨さんは若いわ」なんてよく言っていました。

――おばあさん、おじいさんに手を引かれて小さいころに受けたとか、そういうのがずっとあるわけですね。

面白いのは、沿道の人はそういうかたちで覚えてくれているんですね。京都の町は碁盤の目になっていますが、行者道とひと筋違ったら全く知らないという方がいるんです。私のよく知っている人で、切廻りや大廻りで通っている道筋とふた筋違いのところに住んでいる人がいますが、大学を卒業して、縁があって師匠に世話になるまでは全く知らなかった。切廻りのお供に行って、自分の家の近くを歩いたのでびっくりしたそうです。小さいころからずっとそこに住んで、育ったのに、全然知らなかったとのことです。

かと思うと家の奥のほうから出てきてお数珠を受けられる人もいます。京都の町家のつくりは鰻の寝床といいますが、そんな時は鰻の寝床とはよく言ったものだと実感しました。切廻りはある程度、時間に幅がありますから、家の前に椅子を出して、じっと通るのを待っていてくださる人もいます。そういうのはやはり励みになります。いつも数珠を受けてくださる人がいないと、体の具合でも悪い

お加持を授ける

のではないかと心配になります。

——お年寄りなどはどうしたのかなと。

私がシーラカンスとあだ名をつけたおばあちゃんがいるんです(笑)。化石みたいなおばあちゃんでいつも熱心にお数珠を受けてくださいます。後頭部がつる禿げで、髪をうしろのほうにあつめて丸髷にしていています。本当に楽しみにしてくれています。だからいないと死んだのではないかと心配になります。毎年切廻りに行くたびに、あそこのシーラカンスのおばあちゃんはいるかなと思うんです。今年はいなかったんで心配で、あとで聞いてきてもらったら、ご健在だそうです。

もう九十五ぐらいになっているはずです。私が自分の行中にそのおばあちゃんにシーラカンスと名前をつけたんです。生ける化石(笑)。今日もシーラカンスのおばあちゃんがいた。時々、間に合わない時があります。出てくるのを待っていたら時間がかかっていけません。こちらから近づいて行くんです。講社の人に、お加持の出前だと言われました(笑)。小路の奥から出てきますから、もう見ていられない。ころんだら死ぬのではないかと思うくらいに走ってきてくれますから、こっちから先に行ったほうが早いんです。

だから人の家の中に入っていってお加持をすることもあります。いつも受けている方が何か用事があって、それこそさっきの話ではないけれども電話が入ってきたりする。毎日受けていると、受けるほうの人にも思い入れがあるんです。大廻りが始まってお数珠を受け出したら、もう全部受けようと思っている人がいます。だから一日抜けるとものすごくがっかりする。ある程度こっちが融通を利かせて歩かなければいけません。だから家の中まで入っていったことがあります。いいです、いいです、なんて言いながら入っていきます(笑)。

怖いのは、道を渡ってくる人です。子どもとか。その時、車が怖いんです。急ブレーキをかけられたことが二回ほどありました。お数珠を受けるのに一生懸命で、周りを見ずに道を渡ってきます。私らは速いですから、慌てて追いかけてきます。遅れたらいけないと思って追いかけてきてくれるんですが、追いかけてきてくれる最中に、道を渡るのに危ないことがあります。ですから追いかけてきたら待ちます。それ以外は、前に進んでしまいます。待たないので有名ですから(笑)。

――さっきのお話のように、どこから来て、どこへ行くのか全然わからないわけですね。突然ぱっと来て、ぱっといなくなってしまうという……。

室町のあたりなどはみんなそうです。お加持を受けなければいけないものだと思っておられます。六月になって切廻りでお加持を受けなかったら、一年間忘れ物をしたような気になるようです。

――だいたい法螺貝(ほらがい)が鳴ったら皆さん出てこられるんですね。

だから逆に、法螺貝が必要になってきた。以前は法螺貝を吹かなかったので、もうすぐ阿闍梨さんがこられると、延々と家の前で待ってくれていたんです。

――法螺貝は要所要所で吹くんですか。

もう吹きっぱなしです。小さな親切、大きなお世話です(笑)。はっきり言ってそういう部分がありますから、難しいです。お数珠を受けたいと思っている人にとってはありがたい知らせですが、関係ない人にとってはうるさいでしょうね。

いつだったか、一度、タクシーの運転手が、わざわざバックしてきてバカヤローと言っていったこともあります。価値観が合わない人たちです。百人いて百人すべての人に評価し理解してもらえるということはありえません。百人いて十人評価してくれたらいい。ある意味では十人もの人が理解し、評価してくれたらもう言うことはないですね。書物でもそうですが、十人の人が目を通してくれて、一人が買ってくれたら大ヒットです。すべての人間に認められるような八方美人になってしまっては、ある意味では人を惹きつける魅力はなくなってしまいます。

私は信者さんにも言うんですが、お参りに来る来ないは、あなたたちの自由です。好きにしなさい。その代わり私も好き嫌いを言う(笑)。そういう意味では強気です。来てもらわなかったらこのお寺は維持できないのが現実ですが、基本的にはべつに頼んで来てもらっているわけではないという頭があります。現実と理想のはざまで常に揺れ動いています(笑)。

隠居したいという理想があるわけです。でも情けない話だけれども、隠居したら即、食えないという現実があります(笑)。食えないことが平気になるほどまだ高潔な精神は持ち合わせていません。食べるものに対しては頓着はないですから、そんなに気にならないのですが、そのわりには口が肥えている。困ったもんです(笑)。

――さっきの話ではないですが、来て、お加持を受けてくれる信者さんがいるということはやっぱり……。

あるからこそやめられない。時々、旅行社の企画などでツアーを組んで参拝され、私に法話をしてほしいとの依頼などもありますが、私個人としてはあまり好きではありません。

基本的にはこの山の中まで足を運んで来てくださる信者さんのほうが、たとえ一人でも二人でも大切です。ツアーで百人、二百人来られる人の前で法話するより、一人一人の信者さんに接してお話し

京都大廻り（深夜の京都市内）

させていただくほうを選びます。ツアーなどで縁ができて、またお参りに来られる方もいますが、いまある縁を大切にしたい。無理して広げようという気はありません。

——京都大廻りは二十一里でしたね。キロ数でいいますと。

正味六十キロぐらいではないですか。赤山から宿舎の護浄院まで二十五キロです。前に切廻りで測った時に赤山から赤山まで三十キロぐらいありました。京都市内のコースは洛北・赤山禅院を出発して、真如堂、八坂神社、清水寺と東山に沿って南下し、松原通を西行しながら六波羅蜜寺、因幡薬師、五条天神などを巡拝します。さらに堀川通から北野天満宮まで北上し、上御霊神社、下鴨神社と東へ向かう、旧京都市内を長方形に巡拝していくのです。京都の有名社寺が巡拝コースの中に入っていますので、まるで京都観光みたいです。どうしても知りたければ、いま言ったコースですから観光をかねて自分で測ってきてください(笑)。それしか方法はないです。でも行者道ですから大きな通りは通らずに、入りくんでいますよ。あくまでも二十一里、七の倍数です。

——昨日もお聞きしましたが、大廻りの時は何時に出峰ですか。

午前一時に出峰でした。午前一時に出峰し、午前六時に山廻りの巡拝から帰ってきて、それでお勤めをして午前八時に明王堂を出発して赤山まで行きます。そして赤山を午前十時に出発して、それで護浄院に午後六時半に着きます。毎日深夜一時から夕方の六時まで。午後六時に宿舎に着いて、それからお勤めをして、風呂に入って、ご飯を食べるのが七時半ごろです。八時半ぐらいにはだいたい床に入ります。

——次の日も……。

午後九時すぎに寝て十一時に起きていました。その後、衣体（えたい）の用意をして、午前十二時きっちりにお勤めに入ります。お勤めが終わってすぐ身支度を整えてぴったり午前一時です。おかしな話ですが、私は便所に入らなければいけない。それでいつも十五分余分にかかるんです。この十五分がなかったらものすごく生活が楽です。起きて十五分経つと便所に行きたくなります。

――それも習慣ですね（笑）。

習慣です。起きて便所に行くという習慣で行中ずっと苦労しています。便所に行くために早く目を覚まさなければいけないし、タイミングがずれると出にくくなる（笑）。そのままお勤めに入ったりすると、お勤めの最中に我慢してしまって出なくなってしまいます。それで山の巡拝に出かける時にしたくなります。便所でずっと苦労しています。あまりにも便通がよすぎる。

どこに行っても便秘になったことがないんです。インド旅行に行った時でも便秘にならなかった。とにかく朝になったら必ず便所に行く。朝になったら便所に行って、朝ご飯を食べたら便所に行って、お昼を食べたら便所に行く。とにかくお昼ご飯を食べ終わるまでは、便所に行かなければいけない。お昼を食べ終わったら必ず便所に行って、それで一日のお便所が終わります。一日最低三回ある。

――食事は二回で、お便所は三回（笑）。

いっぺんに出しておいたらいいのに、しみったれだから少しずつ出します（笑）。回峰行中も便所のおかげで苦労しました。京都大廻り中は巡拝する社寺への到着の時刻表が京都息障講社[42]の手で定めら

42　**京都息障講社**　明王堂の信徒団体で、京都切廻りや大廻りの先達や外護をする。その際、一文字笠、浄衣、小倉の野袴、手甲、脚半の装束を身につける。

れていますので、ロスタイムを埋め合わせるのが大変です。そういう時間を最初からどこかで余分に作ってあります。ただハプニングがあります(笑)。

――京都大廻りとか切廻りは町中を行くわけですから、山の中を歩くのとは全然違うでしょうね。

全然違います。たくさんのお供の方がおられ、一人で自由気ままに歩くわけにはいきません。

――行列という感じになってしまいますね。

完全に行列です。できればきちっとそろって歩いてほしいんですが、なかなかそういうことはできません。お供についている講社の方も老齢化し、もう足の力がなくなりました。私の師匠の行中のころに年齢的に全盛期だった人たちです。もう二十年経ってしまいましたから、年もとるはずです。

――若い人たちの講社の入れ替わりはあるんですか。

なかなかないですね。若い方に入会していただいて、歴史を守っていくのを手伝ってもらいたいのですが、むずかしいですね。

――講社の人たちはべつに親から子へというわけではないんですね。

そういう方は少ないんです。京都の息障講社は親子代々というところは少ないです。坂本の息障講社はほとんど親子代々です。京都の息障講社で一生懸命尽力された方でも、次の代は息障講社に入っておられないということもあります。いま講社にいる人の中でも、家の整理をしたら講社の写真が出てきたとか、袈裟が出てきたとかいうことでお参りに来た人が何人かいます。

おじいちゃんの代で講社でいろいろなお世話をさせてもらっていて、息子の代は縁がなく、その孫の代になって、形見を片づけていたら、お数珠とお袈裟が出てきた。それで講社でいつもお世話してくれている人がすぐ近くなので、これは何だと聞いたら、これは明王堂の講社のもので、先々代がこういうかたちで明王堂のお不動さまを信仰されたということだったので、その数珠を持ってご夫婦でお参りに来ている人もいます。講社に入ってお世話してくれるところまではまだ行っていません。夫婦といっても私よりもまだ若いですから、時期が来たら講社に入ってやってくれるかもしれません。

――講社といえば、昔はすごかったらしいですね。

昔は京都息障講の講社の旗がありました。とても大きな旗で、それを、昔のことだからロープか何かで講旗が見えるように引っ張って、そこで阿闍梨さんを中心に記念撮影をしている写真を見たことがあります。男性は紋付き袴の正装で、女性は留袖を着ていました。子どもはそのころだから絣（かすり）の着物にエプロンをつけた格好です。

非常に名誉なことだったんですね。昭和初期までは、明王堂の信者であること自体がステータスだったんです。西陣の檀那衆しか、檀越になれる力がある者しかここに上がれなかった。明王堂自体が完全にサロン的なところだった。非常に敷居が高くて、一般の者はなかなか入れなかったそうです。普通の一般の参拝の方はみんな弁天堂にお参りに来ていたわけです。それが近年まで続いていました。

前明王堂輪番の時代（昭和五四年～平成元年）に毎日、護摩供を修するようになって、それで一般の信者さんが増えました。それを私が受け継いだわけです。これはもう変えるわけにはいきません。どっちがいいとも悪いとも言えない。毎日のお参りもさせてもらわなければいけないし、いろいろな世界で活動されている方々にも接したい。両方一緒にやっていたら身が持たない（笑）。

一千日満行

――京都大廻りが終わって、そのあとすぐに最後の百日を歩くわけですね。その年の一千日の満行というのは……。

九月の十八日です。

――やっぱり感慨深いものがありますか。

楽しかった。やはり胸に交錯するものはありました。満行の日は、最高の環境でした。台風が九州まで来て、九州で停滞して待ってくれました。満行の前の日まで一週間どしゃぶりだったんです。とにかく毎日台風の影響でどしゃぶりでした。それこそバケツをひっくり返したような雨が毎日降っていました。それで取材のテレビ局スタッフも全員雨の中の取材のつもりで用意をしてきたんです。合羽を着て、長靴を履いて、でも満行の当日は全然雨が降らなかった。出峰したころには止んでいました。坂本あたりは降っていたんですが。

私が通っているところは雨が降っていませんでしたので、ほとんど濡れずに坂本まで出て、ちょうど坂本で朝日が出た。数日来の雨で道が濡れているところに、朝日の照り返しの中に入っていったわけです。テレビで放映された満行の場面の中にその部分が入っていますが、あれは演出でも何でもないんです。あれは本当に満行の日の朝です。

打田浩一君（私をずっと追いかけて苦労をともにしてくれた写真家）と二人であの中に入っていったん

です。「ええな。最高や」と言いながら二人で歩いていったんです(笑)。無事に終わらせてもらって、それで台風が動いたんです。満行した次の日には台風が直撃して、私が寝ていたお堂のすぐそこまで松の木が折れて落ちてきているんです。次の日だったら私は無事に山廻りの行をできたかわかりませんでした。浄土院の裏などは十本ぐらい木が倒れて道がなくなっていました。だから次の日だったら、ひょっとしたら満行はできずに、帰ってこれなかったかもしれません。

——一日違いですね。

それまではどしゃぶりで、満行の日だけ晴れました。地方の信者さんも、私が満行で帰ってくるのを出迎えてくれて、その足で飛んで帰っていきます。台風が来ていますから。おかしいことに、その日来てくれた人の家は何も災害なしでした。みんな隣の家が壊れたり、いろいろな災害にあわれたという話でした。来ていない人にとっては迷惑な話です(笑)。あのビデオ番組を作った根本順善さんなどは、どしゃぶりの中を歩いているという絵を思い描いてきたわけです。それまで降りっぱなしでしたから。ところが全然降らなかった。どしゃぶりの中を歩いて満行する絵を撮りたかったらしい。ところが全然降らないので、残念がっていました(笑)。

——朝日を浴びながら、本当に最高でしたね。

朝日の照り返しでです。すばらしかった。千日間歩いて、あんなにきれいに道路が濡れて、その路面が鏡のように照り輝いているのを見たのは初めてです。本当にきれいな朝日の照り返しでした。雨がきつかったから、雨が上がってもアスファルトが乾かなかったんです。それくらい濡れていました。その前にちょっと小雨が降って、きれいに濡れたんです。それでちょうど朝日が照ってきれいでした。

萌え立つというのか、そんな感じでした。満行の時のビデオの中にその光景が映っているんですが、演出でもやらせでも何でもない。本当に満行の当日の朝日です。絵に描いたような満行でした。

――車も来なかったですね。朝六時ごろですか。

六時半ごろです。車も来なかったから道の真ん中を歩いた。だいたい道の真ん中を歩くのが好きです。車が来てもどかないという性格もあります(笑)。

――み仏のご加護としか考えられない(笑)。

まさに、そうですね。まるで演出したみたいです。事実は小説よりも奇なりを地でいったようなかたちです。次の日だったら台風直撃ですからもう大変だったでしょう。それこそ倒れた木をよじ登ってどろどろになって帰ってきたでしょうね。そんなだったら人生はそんなもんやと思って歩かなければいけない(笑)。本当に絵に描いたような満行でした。

――千日が終わった時は、やっぱり終わったという感じでしたか。

それはあります。明日は歩かなくてもいいという解放感は最高です。必ず起きるんですけれども、今日はまだ寝ていてもいい。あれがうれしいんですよ(笑)。常行三昧(じょうぎょうざんまい)が終わって布団に寝て、こんな幸せはないと思ったけれども、夜中の一時とか二時にやっぱり目を覚まします。あっ、寝ててもいい。終わったんだ。それで寝る時のうれしさ、最高です(笑)。

――今日は会社や学校に行かなくてもいいというのと……。

それとはだいぶ違いますね(笑)。

千日回峰行満行の日　朝日のなかへ

土足参内

――一千日満行をなさったのは九月の十八日、それで十月十二日にはもう土足参内（どそくさんだい）ということで、あまりあいだはないですね。

すぐで、準備で忙しいところに加えて、今上天皇の即位の礼が土足参内の直後にあり、京都御所も厳戒態勢がしかれていました。

――土足参内はどういうコースを通って行くことになるんですか。

現在は坂本の滋賀院から車で、随喜してくださる僧侶方や信者さんたちの参集場所となった浄土宗の大本山清浄華院まで行ってしまいます。そこで古儀の行列を整えて、京都御所へと進んでゆきます。本来は歩いて行くんでしょうね。先に満行された阿闍梨さんが山上から京都御所まで、歩いて行きたいと言われたそうですが、許してもらえませんでした。私の時も車で行ったんですが、やっぱり歩いて行かせてもらったほうが値打ちがあると思います。もし許されるのだったら、やっぱり歩いて行かせてもらったでしょうね。

天台座主が先達で随行してくださいますから、御座主と一緒に行かなければいけない。だから大行満が歩いて行ったら、御座主にも歩いてもらわなければいけませんが……。私の土足参内の時の天台座主は仏教界最長老の山田恵諦猊下でしたので、猊下は天井輿に乗られて参内されました。

自分も土足参内させていただいて思ったのは、許してもらえるのだったら、夜中に明王堂を出て、赤山禅院に寄せてもらって、そこからいちばん近い道を通ったら一時間かからずに京都御所に到着するんです。十時からですから、八時過ぎに着いたらいいんです。それだったら、それこそ講社のお先達の人と小僧を二、三人連れて、参内用のきれいな浄衣に着替えて参内させてもらったほうが、はるかに理にかなっていると思います。

それまで講社の人はお供する時は全部ズック靴だったんですが、土足参内は全員草鞋を履いてもらいました。男性の講社員は切廻りや大廻りのお供をする時、一文字笠をかぶり、息障講社独特の浄衣や袴を着ているのに、足元だけ現代風なズック靴というのはおかしいでしょう。だから京都の息障講社の人にも全員草鞋を用意して履いてもらって、草鞋で参内しました。坂本の台麓息障講社[43]は素襖(すおう)や白丁(はくちょう)、狩衣(かりぎぬ)などの装束を着て行列に参列して、威儀をただしていますので、この人たちはいつも全員草鞋を履いています。その中で京都息障講社の人たちだけがズック靴を履いているのはおかしいということで、講社も全員草鞋を履いてもらっています。あれは私がしてもらったんです。姿の問題です。本義はこうである、ただ都合上いまはこうなっているということですから、本義に戻せるところは戻さないといけない。

基本を知っていて応用するのと、基本を知らずに応用だけやっているのとでは全然違います。基本がわかっていないと、そのうちに基本を忘れてしまうんです。応用ばっかりでやっていると、何も基本がわからなくなってくる。仏教で言う本義というのは基本です。基本はこうですけれども、都合上

43　**台麓息障講社**　比叡山麓にある門前町・坂本に居住する人々で結成されている明王堂の外護団体である。京都切廻りや大廻りでは行者の外護をする。台麓息障講社の講社員は明王堂ばかりでなく、延暦寺の諸行事などにも奉仕している。

こういうふうにさせてもらっている。ところがその都合だけが残ってきている部分が非常に多くあります。だから本義に戻せるところは戻していかないといけない。

――土足参内はいつごろからされるようになったのですか。

平安時代（九世紀中葉）にさかのぼります。『相応和尚伝』によりますと、清和天皇の后である染殿皇后の病気平癒の祈禱が土足参内のはじめというふうに記されています。染殿皇后が今でいうノイローゼ状態で、相応和尚の加持力の評判を耳にされた清和天皇が、和尚を宮中に呼び寄せ祈禱させられたところ、即座に霊験が現われ、平癒されたとのことです。この時、相応和尚が急ぐあまり、とるものもとりあえず、草鞋履きのまま宮中に参内されましたので、この故事にならったのが土足参内です。

現在では、大行満は天台座主に先導され、僧侶、信者の随喜をしたがえて京都御所へ参内します。寺町通に面した清和院御門を入り、建礼門の前を通過して、宜秋門より参内しましたが、行列は千人余りに及びました。僧侶も信者さんも皆正装で、男性は紋付き袴、女性は留袖を着用することが定められています。

――土足参内というのは宮内庁のお役人が立ち会うんですか。

立ち会います。京都御所の中の小御所（こごしょ）というところに、玉座が設けられています。玉座のある上段の間、すぐ下に中段の間、下段の間があり、天台座主が下段の間の脇座におられ、行者は下段の間より蹲踞（そんきょ）の姿勢で、中段の間に進み、御簾（みす）のむこうにある玉座に向かって、今上天皇の玉体安穏ならびに天皇一家の身体健康をお加持させていただきました。

——大阿闍梨にとっては一つの晴れ舞台という言い方もできるのでしょうか。

そうですね。あれだけ多くの方々に随喜していただき、古式に則った行列はとても美しいものでした。私は堂入りでも助僧の法衣と袈裟を揃えてもらいました。随喜の僧がみんな同じ法衣を着ている。非常にきれいでした。堂入りは、こういうふうにして私は行をしていますという襲名披露だと思っています。一方、土足参内は披露宴だと思っています。

堂入りというのは、一般的な感覚で言ったら襲名披露です。いままで七百日の自利行をしてきて、こういう行を重ねてきました。これからいよいよ皆さんのために行をさせてもらいます。檀越がつかないとできないことですから、これから皆さんのお参りをさせてもらいます。皆さん応援してくださいという襲名披露です。ですからその襲名披露をするためにどういう演出をしたらいいか。私の理想というのは、お坊さんというのはみんなきれいでないといけない。見た目がきれいというのは法衣が揃うのが第一です。法衣も履き物も全部揃わなければいけません。

だから傘とかそういう見えるものにものすごくこだわるわけです。あの傘も特注の傘です。

——堂入り用の傘ですね。

堂入り用に作ったんです。差掛け傘といって、私に差してくれる人間も濡れないようにする。それもちゃんと数を揃えて、法衣も全員揃えました。だから私の後輩は全員その時の法衣を持っています。そういう行事は見た目にきれいでなくてはいけない。仏さまの世界を演出するんですから。供華（くげ）と同じで、一つの浄土を作るわけですから、そういう行事の時は美しくないといけません。行事をきれいにしようと思ったら、それだけの演出をしなければいけない。そういう演出は数多くしてあります。

京都御所、鶴の間にて

小御所にて玉体加持（右　故山田恵諦天台座主）

満行の日でも、揃えの法衣を持っている者と持っていない者がいたわけです。手伝ってくれていたお坊さんもみんな内容を理解してくれていて、行列に入る者は、自分の直綴(じきとつ)を他の者に貸して自分の応当衣(おうとうえ)を着て、それでちゃんと先頭を歩いて、揃えの法衣を持っていない者は、その人のを貸してもらって行列に加わらせてもらった。だから全然乱れません。はたから見ても本当にきれいな行列になります。

――そういうところはすごいですね。用意周到ですね。

そうでなかったら、平成八年の満行の心配など誰もしません。うちのスタッフは十万枚大護摩供が終わった時点で十二年籠山行満行の心配をしているんです。

みんなだいたい手先が器用なんです。袈裟などでも、できることは、自分たちでやったんですが、たとえば、三つ編みとかいうのは全部私が知っているわけです。小僧さんたちに、これはこういうふうにして作るんだと一回教えて、教えたあとはやっておきなさい、と(笑)。

――夜なべ仕事ですね(笑)。

小僧の時に炊事、洗濯、掃除何でもできなかったら、そういうことはできません。自分でやったからできるのであって、それを人に教えられる。何でもできなかったら人に指示できません。自分ができていなかった部分があったから、千日回峰行に入行したはじめのころには、信者さんに来てもらえない生活をしなければいけなかったわけです。まだ一人で生活していて、自分の身の回りのことは全部自分でやる。

山廻りの行から帰ってきて、風呂を沸かしながら食事の用意をして、浄衣を洗濯しては毎日糊をつけて、アイロンをかけなければいけません。師匠にもらった浄衣で、師匠が行中に着た衣ですから、はっきり言って生地も薄くなり、縫い糸も弱くなっていました。ですから糊をつけなかったら着て歩けません。生地が本当に薄くなっていますから、濡れたら丸まってしまうんです。一度雨の日に、坂本の里坊の奥さんに、なにをぼろ切れ下げて歩いているんですかと言われたことがありました。これは袖ですと答えたら、びっくりしておられました(笑)。それくらい小さくなってしまう。ぎりぎりまで着ましたけれども、糊づけもアイロンもたいへんでした。

だから二百日、三百日というのは、はっきり言って行で忙しいというより、生活で忙しかった部分がありました。冗談みたいな話ですが、回峰行二百、三百というと足袋も履けない、お笠もいただけない。でも、まだ足袋を洗う時間がないからいいんです(笑)。二百、三百は本当に一人で生活していました。帰ってから台所、洗濯、風呂沸かし全部一人でしているわけです。生活の合間に行をしているみたいなところがありました(笑)。

——それまでは阿闍梨お一人だった。

大乗院にいるころ、月に二回必ず来てくれる信者さんがいました。その時に買い出ししてくれるわけです。筍の季節になると一カ月間何も買わない生活をしていました。筍を掘ってきては毎日のように食べていました。正月の四斗のお餅を三月まで毎日食べ続けるとか、本当に哀れな生活をしていました(笑)。でも全然気になりません。頓着がない。

納豆さえあったら、揚げ餅にして納豆をかけて三ヶ月間毎日食べていました。毎日揚げ餅を食べていたら、口の中はぼろぼろでした。調味料がなくなると、他の寺の小僧さんにわけてもらっていました。あまり金を使わずに生活してきました。根っからの貧乏性です(笑)。

護摩供を修する——千壇護摩供から十万枚大護摩供へ

——護摩の話を聞かせてください。土足参内が終わってその年に千壇[44]護摩供に入られる。護摩供を修するというのは、千日回峰を満行して、土足参内を終わって、それ以降ですか。それ以前でやっているわけですか。

修していました。大廻りを満行した時点、千日目の山廻りしている時点で毎日、護摩供を修していました。護摩を焚くというのは具合悪いというので、護摩供を修すと言うようにと、このあいだ言われたんです。焚くというとどんど焼きみたいでいけない。本来、護摩供というのは、仏さまの知恵を表す火の中に仏さまを観想して祈念するものですから、焚くという表現はおかしいです。焚くというのは、いまの時代、イメージが悪い。京都の「大文字の送り火」でも一時、「大文字焼き」なんて言われていましたが、このごろはその主旨を重視して「送り火」とマスコミでも言っていますよね。

信者さんの祈願をさせてもらわなくてはいけませんので、前輪番と明王堂輪番を交替した日からもう始めています。それで大廻りが始まった時点で明王堂を留守にしますので、そのあいだは百日回峰行の行者に輪番の代理として、毎日交替で護摩供を修してもらっていました。大廻りがすんで九百一日目からは私が毎日やっています。ですから千日を満行した時点もずっと一座ずつ修していまして、土足参内が十月にすんで、十一月に例年は八千[45]枚大護摩供をするのですが、その年は、完全に護摩供を身につけて修せられるようになるために、千壇護摩供をしたわけです。

――千壇護摩というのは前行はないんですか。

ないです。いきなり千座。ただ、いまのように毎日修する護摩供で千座するのと、今日から始めて何日までに千座しますと宣言してやるのとは全然違います。目的を持って千座するのと、ただ毎日毎日の積み重ねで千座にするのとは違います。ですから回峰行と一緒で、千日回峰行をしますということで、百日を積み重ねて千日するのと、ただ毎日巡拝に行ってなりゆきで千日行じたのとは全然意味が違う。千座しますと言って千座するから意味がある。

この前、数えたら、明王堂の輪番をさせていただいてから平成五年の十一月でもう三千座ぐらいです。これで三千座をしたということは案外妥当かなと思ったんですが、きちっと言ってやっていませんから、こういうことは案内に出せないわけです。宣言して期間を決めて、数を決めてやるから値打ちがあるのであって、ただ単に毎日毎日の積み重ねとして千座になったのでは意味がない。締め切りを決めて、締め切りに間に合わせるから意味があるのであって、いつでもいいですからと言うといつまで経ってもできないのと同じです。締め切りに合わせて仕事をするから意味があるんです。

――千壇護摩供というのは、ある意味でさっきおっしゃった八千枚護摩供の……。

私の場合、前行の意味もありました。修法をするというのは、いろいろな印を結んだり、観想をす

44　**千壇護摩供**　八千枚大護摩供の前行の意味もこめて千座（千回）の護摩供が平成二年十一月三日から翌平成三年十月十日までのあいだ奉修された。

45　**八千枚大護摩供**　毎年、建立大師相応和尚の命日にちなんで十一月二日、三日の両日に相応和尚の遺徳をしのんで修される護摩供。護摩供修法中は断食、断水、不眠である。

るわけです。ですから完璧に覚えてしまわなかったら、人の祈願のために護摩供は修せない。いちいちお経本を見ながらやっていたのでは、観想して信者さんの願いを仏さまにお願いできない。千座というのは数多く修練するという意味もあります。千座も修したら、もう完全に覚えてしまいます。三百座ぐらいやったらもうだいたい覚えてしまいました。ですから数多くして完全に身につけるために千座するわけです。そのために千という数にするわけです。

——それをなさって八千枚の護摩供に臨まれるわけですね。

ええ。千壇護摩供というのは、ある意味では、してもしなくてもいいのです。前輪番は信者さんに公表せずに千壇護摩をしています。自分で千座すると発願してやっているわけです。ただ期日を切ってしまって千壇護摩供をするというのは大変です。いろいろなことがあってできない日がありますから。編集の追い込みではないけれども、最後の一ヶ月、二ヶ月近くは毎日五座やっていました。切廻りに行って一日丸々抜けたとか、行事で護摩供自体ができなかったとか、そういうのが積み重なってくる。

——それを一年ぐらいでなさっているわけですね。

一年かかっています。二年も三年もかかったのでは値打ちがなくなる。だいたい三百日ぐらいです。

——本当に用意周到な阿闍梨さんにふさわしいというか、千壇護摩供をきちっとやって、それから八千枚、十万枚。ちなみに、八千枚護摩供というのは、文字どおり八千枚の護摩木を焚かれるわけですか。

一万本焚いても、二万本焚いても、五千本焚いても八千枚です。信者さんの願いを成就するために修するんですから八千枚です。要するに千という数は仏教で言うたくさんという数ですから、ある意

千壇護摩供（明王堂にて）

味で未曽有の数です。たくさんの願いを成就するためにするのが八千枚です。いつも言うように、実数の問題ではない。八千以上の数で十万というのは、それこそ本当の未曽有の数になります。たくさんの願いだから十万本です。ですから十二万本でも、十五万本でも、六万本でも十万枚です。

——大護摩供は、前行として五穀断ち[*46]をまずやりますね。それがどのくらい続くんですか。

八千枚護摩供は一週間です。十万枚大護摩供は百日です。一日断食、断水しようと思ったら一週間前行しなくてはいけない。八千枚は、いまは十一月二日、三日で、二日にわたってやっています。昼から始めて昼過ぎに終わっています。

一日、正行しようと思ったら、一週間前行をしなければいけない。前輪番は信者さんが多くて、八千枚と言っても五万本ぐらい護摩木がありましたので、三日にわたって二、三、四日でやった。二、三、四日でやろうと思ったら、二週間前行しないととても体がもたない。一日だったら一週間で十分です。だから私は十日間しました。去年まで十日間です。さっき言った先の苦労です。先の苦労を余分にしておいたほうが、後の苦労が楽です。前行というのはそういう意味があります。先にたくさん苦労をしておいたら、後の正行が楽になります。

八千枚大護摩供はその典型です。私は東北出身で漬け物などが好きで、また、何にでも醤油をかけて食べるほうですから、塩気のない食事は嫌いです。米が好きですから、私にとっては五穀断ちというのは最大の苦行です。私は米人間ですから、米が食べられない生活なんて考えられません(笑)。

——昔は全部そば粉で作ったそうですね。

おいしくないんです(笑)。それでも昔の木喰(もくじき)行者さんの辛さを思うと非常に贅沢です。木喰上人というのは五穀断ちをした行者さんです。そば粉を水でがりがりっとやってそばがきを作って、それだけを食べて、修行を続けられた方がたくさんおられるんです。それを思ったら贅沢三昧です。歴史的に見たら、木喰行[*47]で二十年、三十年という生活をした方がたくさんおられます。

ミイラになった方はほとんど木喰行をしています。最初五穀断ちをして、そのうち十穀断ちをして、本当にそば粉だけで、川の水を汲んでそば粉を溶いてそばがきを作って、それだけを一日に五勺ぐらい食べて、ずっと念仏を唱えたとか、諸国を巡礼したとかいう行者さんが数多くいます。

いまの時代だったら私のような生活をするのは大変なことかもしれませんが、昔だったら僧侶としてごく当たり前のことだったのでしょう。草鞋で歩くことだってそうです。いまの四十代、五十代の坂本の人はみんな子どものころに藁草鞋を履いて山に上がってきています。山に上がるまでに藁草鞋は切れてしまうから、みんな帰りは裸足で帰っています。ちょっと貧しい家の子で、家の者が草鞋を作ってくれない子は、最初から裸足で上がってきたそうです。

そんな時代には素足に草鞋を履いて行をすることはごく当たり前であっただろうし、もしかすると贅沢だったかもしれません。いまだから素足に草鞋を履くということ自体が厳しい行みたいに見えますが、時代時代で評価される部分が変わってきています。素足で草鞋を履くこと自体が修行だと思ってはいけない。ただ、いまでは素足に草鞋を履いて歩くこと自体が修行になるのでしょう。三十年前

46 **五穀断ち** 人が常食とする米、大麦、小麦、大豆、小豆の五種の穀物を断ずること。八千枚大護摩供では一週間、十万枚大護摩供では百日間、五穀断ちの前行を修することが定められている。

47 **木喰行** 米穀を断ち、木の実を食べて修行することで、そのような僧侶のことを木喰上人という。

は当たり前だったことが、いまは当たり前ではない。

テレビを見るとか見ないとかいう問題でも、俗世間に交わらないというのは三十年前は当たり前だったわけです。ところがたくさんの信者さんが来る時代に、テレビを見なかったら新聞も見ない、俗世のことを何も知らないでは、信者さんの相手ができるかという問題があります。私はテレビを見ますと言うわけです。ここにはありませんけれども(笑)。建前としてはないわけです。新聞はおいてあります。日経新聞なんて読むんですか。読みますよと言います。時代時代の評価が変わってきています。

本義さえ見失わなかったら、そこから応用するのは構わないのではないでしょうか。ただ基本は忘れてはいけない。回峰行というのはこういうかたちが基本であるという基本は絶対崩さずに、そこから応用する。変えてもいい部分と、変えてはいけない部分とあるわけです。それを理解しないと大変なことになります。そうでないと変えた部分だけに走ってしまうということになります。

——十万枚大護摩供というのはやはり大変でしょうね。

すんでしまったら、大変だったというのはもう忘れています(笑)。

——八千枚が京都切廻りとすると、十万枚は京都大廻りと言ってもいいでしょうか。

ある意味ではね。やはり本当にしんどいのは、断食、断水して三日目ぐらいからです。

——八千枚の護摩供でも、十万枚の護摩供でも、護摩の最中は断食、断水……。

堂入りは断食、断水、不眠、不臥で行じますが、八千枚大護摩供や十万枚大護摩供は、断食、断水、不眠で、不臥はありません。

十万枚大護摩供（護摩堂にて）

――十万枚大護摩供は、前行が百日で、正行は七日間にわたって修されるのですね。やはりとてもきつい行なのですね。

身体的には非常に大変でしたが、多くの方が修行の手伝いをしてくれ、また、護摩供修法中には毎座のように信者さんが、外陣(げじん)で真言を唱え、一緒にお参りをしてくださいますので、すごく励まされました。修法自体は快調でした。ほとんど狂わないという正確さ。十万本の最後まで一分と狂わない。最初から最後まで同じペースでした。

――すごいですね。

私はそうは思っていなかったけれども、周りの人が言ってくれました。確実に何分経ったら次のが出てくると(笑)。護摩木はワンセット五百本入っていますから、五百本がなくなって次の箱を取りにくるわけです。それがだいたい一分と狂わなかった。一本何秒と計算できました。最初から最後までほとんど動いていない。

――とにかく一日二十四時間ですか。

二十四時間ではないです。お堂に入って護摩供を修している時間は、一日で正味十時間ぐらいです。六座。多い時は八座、一座だいたい一時間半、やっぱり一日お堂に入っている時間は十時間です。

お堂が暖かいので、その裏側の建物自体も暖かくなります。ついにはお堂まで燃やしてしまいました。こんなお堂が燃えるようなことは絶対ないと言っていましたけれども、長い年月のあいだに柱なども炭化しており、ついに先年、八千枚大護摩供の最中に燃やしてしまいました。

信者さんの祈願が書かれた丸護摩木を護摩壇の釜につぎつぎと投じていくわけです。その護摩木の火柱が三メートルくらい立つんです。火柱でお不動さまが見えなくなるほどでした。みんな暑いから気を使ってくれるんです。周りにタオルを垂らしたら乾いてしまいます。そのくらい熱い。ちょっとは護摩の火の勢いを加減しましょうか。いいから燃やせなんて言ってやっています(笑)。とことんやれというところがあります。

——十万枚大護摩供では、十三万枚くらい修められたということですね。これは十二年籠山行の最後の大きな行事でしょうか。

ある意味では本当に自分の命を削ってやる最後の行です。それまでは「行不退」という字を好んで書いていたのですが、十万枚大護摩供がすんでしまってからは、行不退という字が書けなくなってしまいました。いまは自分の命を削ってでもしなければいけないという行が目の前にもうありません。あとは隠居するだけです(笑)。だからこのごろは好きな言葉を書きます。融通無碍(ゆうずうむげ)とか。もともと融通無碍という言葉は好きです。

以前は十万枚護摩供を修し終えなければいけないという緊張感がありました。十万枚大護摩供をやらなくてはいけないという緊張感と、あとすこしで十二年の籠山行を無事終わらせなければいけないという緊張感とは全然違うわけです。その緊張感があった時は行不退という字を書いても力が入りました。そういう意味では字を書くにあたって気負いがあります。いまは、かたちとしてはあっても気持ちまでは入っていない。

十二年籠山行の満行

——九六年の三月一日に十二年籠山行を満行なさるわけですが、八千枚の護摩はこれからも毎年やるわけですね。それと京都切廻りはこのあとずっと籠山行が終わるまで……。

明王堂の輪番をさせていただいているあいだは続いています。ここは信者さんの祈願をするところで、そのためにそういうことをするのであって、山を下りたら八千枚大護摩供はしないと思います。

——そうですか。

自分でお堂を建てるのなら、いくら火を上げても燃えないお堂を作ります。先年、ぼや火を出したので、護摩堂の焼けたところのしっくいを全部塗り直しました。護摩供を修することによって火の出る位置を三十センチ前に出しました。私に火が近くなりました。先年ぼやを出しかけてしまったので、そういうことがないように、建物を燃やすよりは私が熱いほうがいいですから、火口を前に出したんです。

護摩壇が傷まないように上にセラミックのボードを敷きました。そういうことをやるのが好きです。以前より三十センチ、どうかすると五十センチぐらい前で燃える。前に積んであるのも全部燃えてきますから、だいぶ熱くなります。

——そうするとまた大変ですね。

いいえ、楽しいですよ。

――拝見していると、あまり汗をかかれないようですね。

かきますよ。年々汗をかくようになってきました。信者さんがお参りにきた時に、護摩供の修法でうしろから見て煙しか上がっていなくて、護摩の火がちょろちょろだったら、信者さんは本当に願いがかなうんだろうかと思うらしいんです。一方で、熱くて阿闍梨さんが大変だから、もう火を小さくしたらいいのにという相反する気持ちが常に信者さんの中にあるんです。お堂でお参りしていても、前に護摩供の火が勢いよく上がっていたら、熱いのに大変だなと思ってくださる。しかしそういう気持ちの反面、火が勢いよく上がっていたほうが願いごとが仏さまに届くような気になるんです。だから信者さんにお参りしてもらうためには、護摩の火はできるだけ勢いよく高く上がったほうがいい。それで私が熱いのを辛抱したらいいわけです。

――護摩は人目にさらされている化他行であるわけで、そこが決定的に堂入りと違うわけですね。

堂入りとは全然違います。護摩の火というのは仏さまの知恵の火ですから、知恵の火によっていろいろな災いとか悩みを全部その火で焼いてくれるわけです。火の勢いは強ければ強いほどいいはずです。煩悩の火ではない。仏の知恵の火ですから、一切の障りをその火で覆い隠してくれる。ですから火の勢いは強いほうがいい。

個人的には火を出さずに、煙だけの護摩供のほうが好きです。

――どうしてですか。

雰囲気が全然違います。ですから昼からの護摩供の時に、たまに火を出さずに煙だけ出して護摩供を修したことがあります。煙だけのはすばらしい。慣れないとそのすばらしさはわからない。なんとも言えません。

——十二年籠山行が終わると、次の目標は。

隠居（笑）。最大の目標は若くして隠居すること。

——やりたいことがおありになるのではないですか。

やりたいことは隠居。もうこればっかり言っています（笑）。

——まだ早いのではないですか。

究極的な目標は隠居することですが、周りが隠居させてくれないだろうと思います。目的があって人生を歩んでいかないと、自分の足元が決まりません。だから常に頭の中の目標は隠居です。隠居をするためには何をしていったらいいか。後輩を作らなければいけないし、隠居できるような寺も作らなければいけない。いろいろなものを埋めていかないと隠居できないわけです。四十で隠居したいといっても、跡取りがいなかったら隠居できません。究極の目標は隠居です。隠居して庭の草引きをする。そのためには何を詰めていかなくてはいけないかということをやるわけです。究極の目標が隠居なんて、変わってますね。

——隠居して、なさりたいことがあるんですね。

昔は千日回峰行を満じて大行満になった者は、山を下りたら、隠居して念仏行者になったんです。行中は山上に住し、化他行をしているわけです。そして山を下りたら念仏行者になった。已満の方で、昔の定めどおり念仏行者になられた方がおられます。千日をやって山を下りて余生を過ごす。若いうちに走ってきたわけですから、その走ってきた分ゆっくり歩むために、念仏行者になって、毎日念仏を唱えて余生を過ごすというのが歴史的に見た千日行者の姿です。ですから山を下りても祈願を続けたという方は昔は少ないんです。山を下りて、後進にあとを譲ったら、ほとんどの方が念仏行者になって、それこそ隠居したんです。

いまは師匠をはじめ、大行満は山を下りてからも、信者さんの依頼がありますので祈願をしているわけです。師匠は「もう現役ではないからわしはあかんよ」と口では言っていますけれども、やっぱり頼まれたら信者さんのご祈禱をしないといけない。一生、行者としてやっていかなければいけない部分もあるわけです。昔の千日大行満は、山を下りて念仏行者になってしまって、本当に隠居したらしい。ですからそれが本当の明快な姿です。

祈願をするにも現役がいちばんです。いま行を積んできて、いま上がってきた人間がいちばん力が強いはずです。ですから輪番制で次々と変わっていくんです。そうでなかったら力のある者が延々と持っていても構わないわけです。祈願でも、年齢とともに考え方が変わるように、勢いが変わります。若い勢いのある時の祈願を五十になってもやっていたのでは身が持たない。だから早いうちに変えてしまったほうがいい。ですから念仏行者、隠居が最終目標です。

――本当に今日はいいお話をありがとうございました。

祈願をして、そのあとは念仏。やはりその両方を極めないといけない。

――天台宗というのは本当にいろいろありますね。

悪いことでなかったら何でもありますから、何でもできます(笑)。昔、相応和尚も、阿弥陀来迎図をかけて、その前で亡くなっています。ですから私も来迎の阿弥陀さまが欲しいのです。その前で死ぬつもりです。その時に着ていくものももう決まっていて、浄衣を着て、ちゃんとお笠を持って旅立つつもりです。

第六章　回峰行を生きる

菩薩行ということ

——いままで回峰行の実際をずっとお聞きしてきましたので、最後に、その宗教的なこころというようなことで、おうかがいしたいと思います。

はじめに、自利行、化他行ということで、これは本当に何回も出てきましたけれども、仏教には、その両方がある。仏教は本来、そういうものなのだというお話ですけれども。

あまり教学的なことは得意ではないんですけれども(笑)。「上求菩提、下化衆生」という言葉がありますが、基本的には「上求菩提」というのが自利行のことです。「下化衆生」というのが化他行です。簡単に言うと、そういうことになるでしょうね。菩提、要するに成仏、上の仏さまに近づいて悟りを開きたいというのが自利行です。それで下化衆生というのは、下の人に向かって、法を説いていきたいというのが化他行です。人に対して法を説くというようなそんな大上段なことは言いたくないのですけれども。

基本的に比叡山の教学的な態度としては菩薩行です。その菩薩とはなにかといいますと、仏さまの分類があります。仏、蓮、金と言いますが、仏部、蓮華部、金剛部、ほかに天部などがあります。仏部というのは如来になります。蓮華部というのは、地蔵菩薩や観音菩薩などの菩薩になります。金剛部というのは、不動明王や愛染明王などの明王です。それに弁財天や毘沙門天などの天部が加わります。

比叡山を開かれた伝教大師は菩薩行の実践ということを説かれておられます。菩薩というのは、発心をされて誓願を立てられるんです。こういうことができるようになりたい、ああいうことのできる力がほしいということを願い、修行をされている方です。この誓願を立てて、その誓願を達成する力を得た方が如来と言うんです。悟りを開き、それだけの力を得た方が如来になるわけです。如来というのは悟っていますので、基本的には何もしないんです。こちらから問いかけなかったら、答えられないというのが如来さんです。曼荼羅のことを私はよく会社の構成にたとえますが、社長がトップにあって、オールマイティですけれども、オールマイティがゆえに自力では何もできないわけです。ですから、そのオールマイティの力を曼荼羅と同じように、それこそ専務とか部長とか課長とか、そういう役割分担をすることによって、そのオールマイティの力をそれぞれで、下のもので順番に割っていって仕事をするわけです。

そうすると、その中間にある部長のような実力を備えている人が、ある意味では菩薩になります。なろうと思えばいつでも社長になれる。ただ社長にならずに、現場に近い仕事をする方が菩薩になるわけです。いつでも如来になる力があるのですけれども、まだまだ、たくさんの人々を救いたいという考え方で修行を続けられるのが菩薩さんになります。地蔵菩薩や観世音菩薩、これらの菩薩といわれる仏たちは本来、如来になれる力を持っているわけです。そういうふうに自分だけでなくて、それこそご縁のあるものすべての人々に悟りを開いて、それぞれに幸せな生活を歩んでいただきたいというので修行をする仏さんが菩薩です。

ですから、普通、一般の方の信仰は、観音信仰とか地蔵信仰とか、だいたい菩薩さんの信仰が基本的には多いわけです。そういう信仰というのは、こういう菩薩方と一緒に修行をする団体バスに乗せてほしいというような考え方です。

そのほか如来の信仰もありますが、一番多いのは阿弥陀如来の信仰です。来世往生ですね。それは阿弥陀さんが作られた悟りの世界、つまり極楽浄土ですが、極楽浄土行きのバスに乗せてほしいというわけです。しかし、それは自分で行かなければいけない。その方法として念仏を唱えるわけです。

そういう意味では菩薩行というのは、ある程度修行をしてきて、さらに常々修行を重ね、未来に近づいていくという、ある意味では進行形なんです。その進行形の状態で修行していくのが菩薩であり、如来は修行のかたちとしては過去形なんです。もうすでに悟っていますから、過去形になってしまいます。菩薩さんは進行形で、常に悟りのために修行をする。それが「上求菩提」ということです。

そして、自分がある程度悟ったところに皆さんも一緒に行きましょうということで、菩薩というのはツアーコンダクターみたいなものです。ですから、皆さんはそれにぞろぞろついていく。そのついていく人々を連れて歩く案内人が非常に的確に無駄なく先導して歩いたら、旅行中、トラブルもなく済むわけです。そうでなかったら道に迷ったりして、目的地になかなか着けません。ですから時間を割いて段取りをして、後ろの団体を連れて歩く行為が、「下化衆生」になるわけです。

旅行時にここを通ったら危ないとか、こっちを通ったほうがいい景色が見えるとかということは、全部、ツアーコンダクターがするでしょう。菩薩はツアーコンダクターみたいなものです。そういうことを知り尽くして案内しているわけです。その意味でも目的地にまっすぐ行けるのを、いろんなふうに工夫して案内しながら導いてくれるというのがツアーコンダクター、つまり菩薩です。基本的に比叡山の開祖伝教大師が示されたのは菩薩行ですから、そのツアーコンダクターとして、一人でも多く人々を連れて歩きなさいというのが、ある意味では菩薩行なんです。

たとえとして、信者さんには幼稚園を思いうかべてくださいというんです。園児の子どもたちにあたるのが衆生であるわれわれです。園に来た子どもたちに子どもの目線まで腰をおろして、いろいろと手を尽くして一生懸命接し、導いてくれる先生たちが菩薩さまです。それをニコニコしながらながめている園長が如来さまなんです。また子どもたちを朝起こしてからいろいろと様子をみながら用意させて園に連れてこられるお母さんたちが、明王さまに相当すると考えたら分かりやすいんじゃないでしょうか。

——回峰行では、さきほどのお話にありましたように、前半の七百日が自利行で、後半の三百日が化他行ということですが、その前半の自利行のなかにも、化他行の部分があって……。

進行形ですから七里半です。八にならない。八の寸前でやめている進行形でしょう。ですから、一生が進行形ですから、私はよく言うんですけれども、現在、過去、未来と言いましても、現在は刹那なんです。私たちが受け持っている部分というのはそれこそ、どれだけ続いてきたのか分からない過去と、どれだけ続くのか分からない未来の接点なんです。私たちが請け負っている時間というのは、いますぎてきた時間はもう過去形になっていますし、これから現していくことでも全部未来なんです。その一刹那、すごく長い時間の単位でみたら、私たちは本当に一瞬にしかなりません。その一瞬、あくまでも過去と未来とをつなぐ一点でしかないわけです。ではあるけれども、私たちがその一点を懸命に生き抜くことが大切です。その生き方を、菩薩の生き方をしなさいと言うわけです。

ですから回峰行でも連綿として続いてきて、江戸時代中期から残っている資料では、北嶺大行満は私が四十二番です。約四百年の歴史のなかで、だいたい十年に一人ずつ、北嶺大行満が出て、この行を連綿として伝えてきているわけです。私もそれをまた後進の者に伝え、行門を繁栄させる義務があります。家族でもそうでしょう。自分が親に生んでもらい、育ててもらって、また自分が家族を作り、子どもを育てていく。それでその一代の歴史を作ってきているわけです。自分の与えられたところに最善を尽くして、それから人生を人らしく生きて、少しでも前進することが、ある意味では菩薩の行ないであるわけです。

いのち、生かされて

――いま菩薩行の話が出ましたけれども、よく回峰行を語るときに、法華経の常不軽菩薩[*48]の礼拝行ということが語られます。

そうですね。宮沢賢治の「雨ニモ負ケズ、風ニモ負ケズ……」の精神です。

――回峰行は、「歩く禅」といういいかたもされるようですが。

基本的には回峰行は悟りが目的です。回峰行は、どちらかと言うとマスコミなどでは歩くというイメージがものすごく強いんですが、しかし実際には歩くというのは手段であって、目的ではないんです。前にも言ったように、一つひとつのお参りを重ねていったら、たまたま七里半を歩いたというだけであって、お参りをすることが目的です。そのお参りをするために、足を運び、結果的に三十キロ近く歩くことになるわけですが、行の本義は礼拝行です。

修行の基本は、身口意(しんくい)の三業を整えると言いますが、まず姿勢を整えて、次に呼吸を整える。そして、呼吸が整った時点で心を整えるという、これが一つの修行の基本パターンです。回峰行はまずお参りをして、歩きながら禅をするということで、歩くときに姿勢を正し、上半身をきれいに立った状態にする。お参りをさせてもらうということが一つの基本です。まずそうやって美しく、無理のない姿勢でお参りしている姿がきれいでないといけない。

かたちを整え、お経を唱えるために呼吸を整える。普通、坐禅の場合などは数息観(すそくかん)で呼吸を数えたりして、呼吸を整えています。私たちの回峰行ではお経を唱えながら、呼吸を整えるわけです。私たちはお参りする場所の手前までに必ずお経を唱えながら歩きますので、お経を唱えて、呼吸を整えて、最終的に呼吸を整えた後、心を整える。それにより、穏やかな気持ちで仏さんに一心に、一つひとつのお参りがかなうように、願いごとがかなうようにお参りをする。これが回峰行の真髄です。一木一草にそれぞれに仏性(ぶっしょう)を感じて生きる。

ですから、よく言いますけれども、人間というのは生きているのではなくて生かされているんです。いろいろな人とのかかわりあいで、人間というのは人の間(あいだ)ですから、人の間で生かさせてもらっているわけです。要するに自分が生かされているということに対して感謝をして、それに対する行動を起こす。それが人間の本来の行動であるはずなんです。

48 **常不軽菩薩** 法華経の常不軽菩薩品に出てくる菩薩の名。この菩薩は人を見れば、直ちに礼拝し讃嘆して敬い軽んずることをしなかったという。

人間というのはオレが生きているというイメージの人が多いですけれども、実際には人の計らいのなかで、人とのかかわりあいのなかで、また自然とのかかわりあいのなかで初めて、人間というのは生かされているわけです。ここ数年の異常気象や阪神淡路大震災などで、自然の脅威をいやというほど経験しています。人間の力では計り知れない力が働いて、そういうことに人間、私たちが振り回されているわけです。結局、そういうことがないと、自分たちが生かされていることはなかなか理解できないんです。生かされているんですから、それに対して感謝して行動を起こさなければなりません。そういう感謝の行動を起こすために、修行を重ねていく。

人が生を受けて、ご縁があって、たとえば会社からポストを与えられて、自分の努力で得たところもありますけれども、その努力をさせてくれた会社があって、社長がいて、今まで自分に目をかけてくれた人たちもいるわけです。そのいろいろな計らいのなかにあって初めて、自分がしたい仕事をさせていただける。仕事をしているわけではないのです。それに対して、自分が何を返していくかという気持ちを持って行動していったら、ある意味では皆さん、誰もが、普段の生活が修行になっているわけです。それが宮沢賢治の「雨ニモ負ケズ、風ニモ負ケズ」、ああいう詩になるんじゃないでしょうか。ふだん自分が存在していることに感謝して、すべてのものに対して礼拝をして歩いた。何を見ても礼拝をしていたんです。それが常不軽菩薩であり、宮沢賢治の「雨ニモ負ケズ」という詩になるわけです。

――われわれは悲しいことに、そういうことを往々にして忘れることが多いですし、生かされているのではなくて、自分で生きているんだというふうになります。

信仰に入ってくるのは、年をとってからの人が多いというのは事実です。誰もが、やはり一生懸命生きているものですから、結局、自分の力、自力で生きているというイメージが強いんです。ところが、年をとってある程度の年齢になってくると、現実的に死が近づいてくるわけです。要するに自分の終わりが近づいてくる。そういうときに、自分は今まで何をしていたのかとの疑問に立ち至って、「あっ、こんなことではいけない」と気づくのでしょうね。年をとったり、体が弱ったり、病気をすることによって、自分ではどうすることもできない現実が現れてくるわけです。「生老病死」の四つを四苦[*49]といいますが、人はみな年をとっていきます。これはどんなにお金を使っても、どんなに悲しんでみてものがれることはできません。死というのは人間の基本的な苦しみですから、否定できない現実です。

だから死が目前に近づいた人とか、あるいは病気をして、自分の体が思うようにならなかった経験などがあると、そういう自分が生かされているということに気がつく人が多いんじゃないでしょうか。何かのきっかけ、それが仏縁というのでしょう。だから、若いうちから、そういう機会があって、信仰を持った人は幸せですけれども、会社に入って、元気でばりばりやっている人ほど、そういうことを考える暇がない。自分の現実に忙しすぎる。ところが一方、その人たちが働いている企業のトップの人たちは、自分が責任を持って全社員の生活を背負って判断をしなければいけない。ただ、自分の判断だけではどうにもならない部分がつねに出てくるわけです。そういう人々、ほとんどの企業のトップの人は、自分の力では計り知れないところがあるということで、必ず信仰を持っておられると聞いています。中間層は全くといっていいほど、信仰を持っておられない方が多いようです。トップでは多くの人が信仰を持っているという現実は、信仰というのはある意味では自分の心の裏付け、精神的な裏付けですから。最近、一部の新興宗教で「入信」ということばが使われていましたが、信仰は自分以外の人に宣誓するものではありませんから、入信ということばは私自身としてはあまり好きではありません。また、入信する自由があるならば、当然、その反対もあるはずです。信仰とは強制するものではなく、個人の自由な裁量の範囲であるべきはずです。

こころざしを楽しむ

――菩薩さんというと、よくお不動さまというのが対比的に語られることが多いですし、こちらのご本尊も不動明王でいらっしゃいます。行者さんは不動明王をかたどっているんだというお話もありました。

不動明王は金剛部の仏さんになりますから、曼荼羅で言ったら、外側になるわけです。ピラミッドの一番底辺ですから、それだけ現場に近いんです。

先程も申し上げたたとえですけれども、仏さんの世界をたとえで幼稚園だと思ったらいいんです。幼稚園の園長先生が如来さんです。子どもたちが衆生、一般の私たち人間です。幼稚園に行くと、園長先生はニコニコしているわけです。子どもたちがワーッとさわいでいるのを、あれこれ言って、子どもを並べたり、言うことを聞かせたり、お手々つないでと言っている幼稚園の先生たちが、観世音菩薩とか、ほかの菩薩さんです。そして、その幼稚園に子どもたちを連れていくお母さんがお不動さ

49 **四苦** 人生の四種の苦悩をいい、生、老、病、死の総称。

んです。

不動明王というのは怖い顔をしていると言いますけれども、この怖い顔は子どもがよくなってほしいと思って、やさしい心を持って怖い顔して怒っているお母さんです。慈悲の怒りの顔です。小さい子どもに向かって、怖い顔をして毎日のように小言を言っているお母さん。しかし悪くなってほしいと思って、憎いと思って怒っているお母さんはいないわけです。ですから、よくなってほしいと思って、表面は怖い顔をして、心のなかはやさしい気持ちで怒っているお母さんがお不動さんです。ですから不動明王は、「早く幼稚園行って勉強しなさい」と言って連れてくるお母さんがお不動さんです。ですから不動明王は、本来やさしいんです(笑)。お経にも書いてあります、慈悲の心を持っていると。

——それと関連して、今の世の中、そういう厳しさというのが非常にない時代だなという気がします。厳しさがないというより、厳しさというのはその本人が求めるものであって、昔のように否応なしにそういう生活に追い込まれるということは、いまの時代は求めなかったら、出くわさない時代になってきていいます。

それは個人個人がいかに考え、いかに行動していくかの問題だと思います。仕事の締め切りと一緒です。自分で決めて、仕事の締め切りの必ず三日前にあげようという気持ちでやっていたら、非常に厳しい生活をしなければいけないわけです。

——なるほど。

ですから、たとえば編集者になっている人が、常にこれから一年間は決まった締め切りより必ず三日前に仕事をあげていこうと決めて、自分が担当する人に接して、一生懸命そういう気持ちにさせて、その通りの仕事をしたら、すごくきついノルマだと思うんです。とにかく問題は自分に課せられるか課せられないかです。この厳しさは自分で作るものであって、他人から作られたら、前の話ではないけれども、苦労を背負って歩いてしまいます。

——背負ってはいけないのですね。

背負ってはいけない。進んでする苦労というのは必ず身についてきます。ですからこれが「楽志」、志を楽しむという考え方です。人生、何をしても、現実社会のなかで障害のない行動なんてありえません。自分の思い通りになることなんて、何一つないわけです。何か一つするにも必ず障害がありま す。自分が好きなことをしていても、障害があるのは当たり前であって、何をしても障害はあるんです。だから、自分が好きなことをさせてもらっていると思ったときに、それに対する障害は楽しむべき対象であって、逃げるべき対象ではない。私は、人に対して自分は苦労していると言うのは、自分が横着していると宣言しているみたいなものだと思うんです。それを楽しみながら取り組んでいたら、苦労が大きければ大きいほど、それを成し遂げたときの喜びは大きいわけですから、よかったということでニッコリ笑うことができます。

それをいやだいやだと思ったり、あれも苦労した、これも苦労したとばかり言い、本当に苦労したというような顔をしている人もいるでしょう。この世の不幸を全部背負っているという顔をしている人もいます(笑)。そういう人たちは全部、不足顔です。不足ばかり言っていては、いつまで経っても結果が出てきませんし、形としては結果を出しても何も進歩しないのではないですか。ですから、同じミスを何度でも繰り返します。自分でその苦労を乗り越える工夫がありませんから。

たとえば、人生を山登りと考え、目の前にたちふさがっている大きな山がある。これは現実に自分に与えられた試練です。しかし山を登らずに、すそ野を回って目的地に到達することもできるわけです。山を登ったほうが険しい道程ですが、距離的には短い。すそ野を回ってその分だけ楽をしてきた人間は山を登る苦労が分かりません。山が出てくるたびにすそ野は広くなります。すると回り道をするにも距離が長くなります。

自分自身の価値観というのは、人生のなかで、山登りと一緒で高い山を登っておいたら、その高い山が基準になります。以前、登ったことのある山よりちょっとでも低かったら、とても楽になります。横着してすそ野を回ったり、低い山しか登ったことがなかったら、ちょっとでも高いと、今まで経験したことのない苦労になってしまいます。ですから、ある意味では若い、体力も気力もあるうちにということで、昔の人が金の草鞋をはいても苦労しなさいというのはそれなのでしょう。若いうちに体力も気力もあるうちに、人が経験できない、高い山を登っておきなさい。自分の価値観というのは自分の経験からしか出てきません。頭で習ったのは知識ですから、知識を知恵に変えるために、自分の価値観に変えるためには、自分の経験がないと変えられません。そのためにはやっぱり苦労をして高い山を登る。人は自分の過去に登ったことのある山を基準にして、物事をすべて判断しますから。

私が物事を判断するのに、基本的にはやはり堂入りとか、十万枚大護摩供とかのことを基準に考えてしまいますから、はっきり言って、たいがいのことは、ああ、たいへんですねと言っておしまいです。一般にいう苦労をあまり身に感じられないという損な性格になってしまいました(笑)。ただ、そういうふうに皆、歩んできた人生が違いますから、それぞれが持っている価値観は違うわけです。ですから、その価値観を作るのは自分の努力であって、人に作ってもらうわけではないです。いくら話で聞いても、それは話として知識として入ってくるだけです。知恵、要するに身についた自分の本来の知恵にはならないわけです。それをいかに知恵として、自分が得た知識を知恵として変えていくかというのは、一人ひとり、個人の物事に対する考え方、行動のしかた次第でしょう。

はたから見ていても、ここでもうひとふんばりしたら、結果を出せるのにと思うことは、たくさんあるでしょう。自分がそれを経験してやってきたから、それを判断できるわけです。あなたのところで仕事をしている人でも、ここでもうちょっと詰めたら、あいつは上がってくるのにということはあるでしょう。それが知恵ですから。いやいややっていたら、そういう知恵は身につきにくいということです。

――やっぱり千日の回峰行に向かう心構えと申しますか、いまおっしゃったようなそういう感じで、ずっと阿闍梨はやってこられたんですね。

私は好きでさせてもらったんですから。自分で好きでしたことに対して結果を得て、それだけのものを得たから、失ったものも大きい。すべてのことを得ようと思うこと自体が間違いです。リスクのない結果はないんですから、負うリスクが多ければ多いほど、得る結果も多いんです。ハイリスク・ハイリターンです(笑)。リスクが小さかったら、リターンも小さいんです。

千日回峰行をして、信者さんにお参りしてもらって、世間的には偉いと言われますけれども、こういう立場になるまでの間に、自分でも失っているものがたくさんあるわけです。肉も食わなかったし、遊びにも行かない。世間でいう自由がきかないわけです。たくさんのものを失ってこそ、得るものもたくさんあるわけです。

ですから、人生の中で、あれもほしい、これもほしいというのは、私に言わせれば贅沢です。何か一つの結果を出そうと思い、その得られる結果が大きかったら、当然失うものも大きいはずです。こちらも立てたい、あちらも立てたいというのは贅沢です。自分の中で取捨選択をして、これは捨ててもいい、これは辛抱しようと、失うものがあって初めて得るものがある。それを、失うものは一つも嫌、得るものだけはたくさんほしいというのはありえません。

会社に力を注ぎ込んだら、家庭的に犠牲になる部分がありますし、人とのつきあいで犠牲になる部分があります。それは当然ついて回るものであって、すべてを得ようというのは間違いです。得るものが大きかったら、それに見合った大きいものを失わなければいけない。その失うものをもったいないと思うか思わないかです。失うものが多かったら、それだけ得るものが大きいんですから、こちらで十分な喜びを得られるはずです。

どちらもとるというのは、中途半端な人生だと思います。昔から「二兎追うものは一兎をも得ず」という言葉があるように、どちらもとるというのは、どちらもとれなくなってしまう。私は、人生というのは最終的にプラスマイナス・ゼロだと思っています。幸、不幸はならしたら直線です。苦労が多く、たいへんな思いをすればするほど、幸せの頂点は高いし、苦労を少なくしたら、幸せの頂点は低い。

私は好きでやっていることですから、どんなにつらくても足が痛くても、帰るときは必ずニコニコして帰りました。自慢じゃないですけれども、私は本当にニコニコして帰ってきたんです。なぜそんなにうれしそうに帰ってこられるかと言われました。朝、お参りに出たときには帰ってこられる保証はないんですから、生きて帰ってきただけでもうれしいんですと言っているんです(笑)。

――阿闍梨とお話ししていますと、突き抜けた明るさというか(笑)。やってこられたその裏付けがあってのことかなと。

もし千日回峰行が人に言われてしている行だったら、こんなにはなりません。私もいろいろな問題があって、それを全部クリアーして、千日回峰行を自分が基本的に望んでさせていただきました。やりたいと思ってやっている。やりたいと思ってやっていることに対して、不足を言うのはおかしいと思います。それに対する苦労は何でもする。どんな社会、世間に入っても、どんなことをやっていても、何かするからには必ず障害、苦労がつきまとうんです。その苦労をしんどいというのはおかしいという観念があります。当然与えられた試練であって、乗り越えなければいけない試練ですから。私の場合はもともと持っている膝痛とかヘルニアとか鞭打ちは持病であって、これは問題外、自分個人の問題です。行をさせていただくことが決定した時、承知で入っているのですから、今さら腰が痛いということは理由になりません。

徳のある人生――祈りのこころ

――回峰行のお話のなかで、とても美しいなと思うのは、供華(くげ)、花をそなえるというのがございますね。

美しいと思うが、しかし、世に咲く花のほうが本来の花だという考えがあります。わざわざ花を折ってまで運ばなければいけないのかという疑問があるわけです。

野に咲いて、一番いい場所に、一番条件の合ったところに花というのは咲いているんです。ですから条件が合わなかったら花は咲かないんです。たとえば早百合(さきゆり)というのは、私が歩いているあたりは笹が高くならないですから、咲くんです。ところが、南斜面の山でいま木を切っていますけれども、木を切って、全部伐採をして植林をすると、笹が繁殖します。すると一年目に早百合が咲きます。二年目も咲きます。ところが三年目になると、今度は笹が大きくなり、熊笹が深くなってきて、植えた木も大きくなってきて、日が当たらず、早百合が咲かなくなるんです。条件がそろわないと咲かないんです。そういう自然の花というのは、人工的に作った花ではないものは、自分たちがいい場所を選んで咲いていています。

ですから昭和天皇が草という花はないんだと言った、そういう話があるでしょう。これは草だと言ったら、昭和天皇が草というのは全部名前があるんだ、名前を言ってほしいと言ったという話があります。小さな花でも必ず名前があって、草にも名前があって花が咲くわけです。その咲く場所も必ず自然界で人間の手が加わらなかったら、条件がそろっているところで、最高の望まれた場所に望まれたようにしか咲かないんです。その花をわざわざ摘む必要があるのかと。

——実際には……。

樒(しきみ)を毎回生けます。樒の葉っぱを花びらと考える。基本的には蓮の花びらだと考えるんです。蓮の花、一枚一枚の花びらです。

——加持祈禱ということがございます。護摩供を修されるのですけれども、加持祈禱ということかなと思います。

加持祈禱というのはあまり好きな表現ではないのですけれども、私たちの力で願いをかなえられるわけではないのです。皆さんの願いを仏さまの徳によって助けていただくために、中継ぎをするのが、私たち僧侶の役目です。要するに私たちはその中継ぎであって、毎日護摩供を修して、護摩木に皆さんの願いごとを書いていただいて、それをお不動さんに伝える。目の前にある護摩の火のなかにお不動さまに来ていただくんです。そのなかに護摩木の一本一本、一つひとつの護摩木に記された願いが成就するように祈念していくわけです。

基本的には私はそれぞれの信者さんの徳を使わせていただくという考え方なんです。昔から陰徳[50]を積むと言いますが、私に言わせると徳というのは積み立て預金です。先祖から代々かかって、徳を積み立てていくわけです。積み立てた徳をまた何らかのかたちで皆さんがいただいて、その徳をもらって生活をしている。そういう意味だと言うんです。ただし積み立て預金であっても、目に見えるものではないんです。

最大の徳はお寺を建てることです。新寺建立と言って、お寺を建てることが最大の徳事になるんです。また、徳を積んだ先祖の徳をもらうと言いますけれども、積み立て預金ですから、それを使えるんです。そうすると、先祖が百積むと、百使ったうえに百借り入れられる。先祖がそれこそ人徳があって、そういうたくさんの徳を積んで、百積んでいますと、当代、いま生きておられる人たちが全

50 **陰徳**　人に知られぬように施す恩徳。「陰徳あれば必ず陽報あり」という言葉があるように、陰徳を積んだ人には、必ず良い報いがあるといわれている。

然、徳を積まなくても、百を使ったうえに百借り入れられる。百借り入れてしまうと、百借りた時点、二百の徳をまるまる使った時点で、そのときにその人の徳がなくなってしまいます。

そうすると、人生がころんとひっくり返ってしまうわけです。使える徳がなくなってしまいます。その時点で、信仰に気がつく人もいます。ただ、借りているんですから、当然、利息がつきます。その利息を返しながら、その上、百を返してゼロに戻さないといけない。一生懸命信仰するんですけれども、何もいいことがないというのは、こういう人じゃないんでしょうか。または信仰に対する考え方が基本的に違っている方だと思います。先祖が十しか積んでいなかったら、十使って、十使い切ってしまったら、すぐ借り入れがなくなってしまう。借りられるものがなくなってしまいますから、あわてます。しかし十だったら、すぐ返せます。利息もつかない。

逆に、先祖が千も積んでいたら、たいへんなことになります。千借り切るまで、徳がなくなったことに気がつかないんです。というのは千も借りてしまったら、返すのはたいへんです。だから二代も三代もかかって、借り入れを返さなければいけない。ただ、陰徳を積むというように、積み立て預金ですから、毎日積めるんです。毎日、先祖に向かって先祖の供養をする。回向（えこう）といいますが、回り向かう。結局、先祖のためにお経を上げたり、お供物をそなえさせてもらったりして、徳を積んでいったことが、必ず自分に返ってきます。誰でも一度ぐらい追いつくことができます。その徳をたくさん持っている人は、仏さんに頼むときでも、その徳をそうして仏さんに動かしてもらうわけです。基本的には自分の徳で自分が助けてもらう。積み立て預金がたくさんある人は自分の徳で助けてもらえるわけです。ない人には仏さんの徳を貸してもらうわけです。私はそういう考え方をしているんです。

——徳を積むということが、大事なんですね。

ですから、基本的には毎日の先祖の供養です。先祖というのは自分の存在基盤ですから。先祖、あくまでも自分の両親があって、その上にまた両親があって、倍々計算です。そして、さっきも言ったように、私たちは刹那、その現在の一点でしかないわけです。ただ、その一点を担っているだけです。その過去に対する感謝の気持ちというものが一番大切なんです。そうでなかったら、未来が続かないわけです。それに対して、感謝をさせてもらう。さっきの話ですと、感謝をさせてもらうということを行為に表すのが先祖の供養であるわけです。

自分の存在は、毎朝起きていても、その日の晩に寝るときには、次の日の朝に必ず起きられるという保証はどこにもないんです。次の日の朝、冷たくなって死んでいるかもしれない。何も不安に思わずに寝ることができるというのは私には不思議なんです。朝起きたとき、あっ、今日も生きていると思えるのが本当だと思います。生きているということに感謝して、自分が生かされているのだったら、自分は何をなすべきか。まず先祖に向かって、朝起きて生きて存在していること自体に感謝をさせてもらう。次にはその感謝に対して、自分は何をなすべきかということを考えて行なうのが一日です。先祖に感謝して、毎日少しずつ積んでいくのが、本当の陰徳だと思います。

それで間に合わない場合は、昔の大名とか豪商なんかは徳をいっぺんに積むために、お寺を寄進したんです。陰徳を積むため、毎日毎日積んでいるのはまどろっこしい。それではいっぺんには積めませんから。ただ、基本的には徳を積む一番の近道は毎日の信仰です。*51無財（むざい）の七施（しちせ）という、何もなくてもできる布施行があります。普段の生活の中でできる修行、徳を積む行が七つあるわけです。たとえば和顔愛語（わげんあいご）、やさしい顔をして、やさしい言葉、声をかける。あるいは席を譲るとか、誰でもできることですね。それが普段に私たちが実践できる最高の徳です。そういうふうにして、布施行を積んで、徳を積むことによって、その徳をまた自分たちがいただいていくわけです。自分がもらうか、自分の子どもがもらうか、孫がもらうか、それは分からない。どれだけ積んであるか見えませんし、確認できません。銀行に行っていくら残金があるか調べられたらいいんですけれども、これぱかりは確認できません。

ただ、ここで加持祈禱と言いますが、ご祈禱をさせてもらって、よく思うんですけれども、熱心にお参りしているのですけれども、徳がないなあと思う人がいる。その反面、信仰に全く縁のない生活をしていて、檀那さんがガンで倒れてあわててご祈禱されにくる方もいます。一回ご祈禱しただけで治ってしまう人がいるんです。全然、信仰心がなかったので、先祖が積んでくれた徳を一切使ってない人がいるんです。そういう人に助けていただきたいと信仰心が芽生えた時点で、その徳がいっぺんに動くんです。そうしたら、いっぺんに助けてもらえる。そういう方がいるんです。そうとしか説明しようがないと思うんです。

いくら明王堂のお不動さまのお力が強いと言っても、ガンの疑いがあり、検査を三回受けて、確実にガンですと言われて、あわてて奥さんがお参りにこられ、ご祈禱を頼みにきた。頼んで帰って、入院して手術するときに検査してみたら、どこにもガンがないといったことがありました。考えられないでしょう。ということは、今まで徳があったのですけれども、信仰がなかったおかげで、その徳を一切使ってなかった。山ほど持っている。その徳がいっぺんに動いて、その先祖からの徳を自分がいただく。自分がまだ存在する必要がありますから、先祖がその徳をくださるわけです。先祖の徳をもらえるわけです。

——いろんな方がいらっしゃるんですね。

そういう方もいますし、それこそ病気になっても、自分がまだ生きている必要がある、存在理由というか、自分が必要とされるという方はガンのような難しい病気になっても長生きされる場合が多いようです。信者さんの中で、女性の方で四十代の方が二人おられるんですが、末期ガンであることを医者に最終宣告されていますが、二人とも今でもお元気です。その方たちは子どもが小学生です。自分が死んでいられない。まだ自分がしなければいけないこともたくさんある。人間には、自然の治癒力というものがあります。自分が信ずるものがあり、必ず助けていただけると思える方、必要とされていると感じられる方などは、自分自身で身体を癒すことができる。一年でも二年でも長生きして、子どもの成長を見守っていかなければいけないという意識がありますから、ものすごく熱心に、月に一回ずつお参りにこられる。そういう方たちも本当によくなってくださっています。そういう方たちは毎日が布施行であって、自分の存在を確認しながら、懸命に来ることで徳を積んでおられる。いま積んだ徳をいま自分が使っているということです。

その徳を動かすのが私たちの加持祈禱だと思っているんです。お加持の経の中に「不動明王、別無

51 **無財の七施** 『雑宝蔵経』に記された教えで、物（財）を施すことができなくとも、施しを行なうことができるとして、七つをあげている。①眼施（人によい眼をして接すること）、②和顔悦色施（いつも、やさしい顔、微笑を絶やさぬ顔をして人に接すること）、③言辞施（やわらかい言葉で人に接すること）、④身施（礼儀正しく人に接すること）、⑤心施（善意をもって人に接すること）、⑥牀座施（他人に席を譲ること）、⑦房舎施（人を泊めてあげること）。

住処、但在衆生、一念心中」という教えがあります。お不動さまは私たち自身の中におられる。「悉有仏性」といい、すべてのものが仏さまの素質を持っているのです。ただ、気づいていないだけなのです。仏心にめざめ、感謝して生活できるようになれば、自然に助けていただけるのです。昔から「布施なき経は読むなかれ」という言葉があるのですが、布施のないお経は読んだらいけないというのです。あくまでもギブ・アンド・テイクです。何らかのかたちで布施を返してくれなくてはいけない。今では布施というと、たいがいお金になりますが、お金かどうかは別にして、何らかのかたちで自らの積まれた徳に対して、仏さまの徳を授からせていただけるという考え方です。

ですから、われわれも頼まれないご祈禱はしません。いくら知っている人が病気をしても、その本人が頼んでこない限りは私はご祈禱はしません。加持祈禱をするという立場から言うと、自分が知っている人間が病気をしていても、本人が頼んでこない限りは絶対私はご祈禱しないんです。相手が布施をしてくださいません。布施のないことに対するこちらのご祈禱は、相手に対して罪ですから、罪を重ねることになりますから、それではご祈禱できません。仏さまにお願いしているという意識が必要なのです。頼まれたら一生懸命お参りさせてもらいます。

穏やかに生きる

――そういった問題で申しますと、若い人たちが結構、宗教づいている部分があると思いますけれども。オウム真理教のこともありました。

宗教づいていると言っても、あれは信仰か宗教かという問題なんです。ですから、はじめにも言ったように、信仰というのは安心、心の安らぎを得るものですから、それを信仰することによって、心の安心が得られて、気持ちよく家に帰って、家全体が和むのだとすれば、これは信仰です。宗教に入ることによって、閉鎖的になっていって、それに走ってしまったら、単なる価値観、共通の価値観のせまい社会を作っているだけですから、それは信仰ではないわけです。ですから、そういう宗教に入ることによって、家庭全体もそういう流れになっていって、家族全員の心を穏やかにする。これは信仰です。そうではなくて、家庭が壊れるのだったら、これは狂信です。

ただ、私に言わせたら新興宗教、どんな宗教でも構わないんですが、それを信仰することによって、信じることによって、心が穏やかになって、その穏やかな気持ちで人に接することが大切なんです。自分だけを大事にしてはいけません。生かしてもらっているんですから。それが自分の周りのものに伝わって、周りのものがすべてそういう気持ちを得られるのだったら、それは信仰であるわけです。それが家庭が壊れるようだったら、これは狂信です。これは信仰ではありません。ある意味では宗教ではないんです。ヒステリー集団です。今、明王堂に参拝されている方々にも、できるだけご夫婦か、または家族ぐるみでお参りくださいと勧めています。また、どんなに小さい子どもでもご一緒にお参りくださいとも言っています。それは、家族が心を合わせて仏さまに向かい、手を合わせることが大切だと考えているからです。小さな子どもは、わけも分からずに形をまねるだけでいいんです。その経験が大人になったときによみがえって、本来の信仰に入らせていただけるきっかけになるのではないでしょうか。いざ困った時に、信ずることができる対象があるということは素晴らしいことです。

また明王堂は山の中の谷間にありますので、自動車で玄関に横付けというわけにはいきません。そのため、明王堂へ参拝していただくためには、老若男女だれでも自分の力で歩かないと来れないという厳しい地理的条件が備わっています。時代が車社会になり、昔は山中奥深くにあったお寺が多かったのですが、いろいろな理由から参拝道路が造られ、本堂のすぐ間近まで車で行ける所が多くなり、その意味では非常に便利になってきています。明王堂も二十数年前に、谷間に車で入ってこれるような道を造ろうかという話があったのですが、老僧が「何もそこまでして参拝していただく必要はない」と言われ、それ以来、今も自動車道はありません。時代に逆行するようなことと思われるかもしれませんが、今となっては自動車道がないことが幸いしていると思われます。というのは、お寺という空間は本来、出世間といって皆さんが生活している空間から離れた場所なのです。市街地のお寺でも〇〇山〇〇寺といって、山号と寺号を持っているところが多いはずですが、町の中つまり、世間の中にあっても山の中にあるお寺というような意味で山号を持っているのです。お寺の門をくぐると参道があります。この参道は門の外の世間からお堂の出世間に至るためのアプローチであるといえるでしょう。普段の自分の日常生活そのもの（世間）から、非日常の空間に入るために心を整理するための道程なのです。日常を離れて仏さまの前に進ませていただき、心穏やかに、自分を振り返ってみることのできる空間になるのです。明王堂へ参拝しようとすれば、ケーブルの山上駅から谷の下の方へ向かい、十五分程、谷へ谷へと歩かなくてはいけません。その間、自然に包まれた参道を進み、普段の自分自身のいろいろな行ないに思いをめぐらせ、本堂まで到着すると眼下に琵琶湖を一望する素晴らしい光景が広がり、心新たにお不動さまにお参りすることができる。前にもいいましたが、長い参道と本堂を取り巻く環境、これこそ信ずる心の扉を開かせる「依所(えしょ)」といえるでしょう。毎月お参りのために足を運んでくださるだけでも、十分に価値のある空間だと思います。これはまさに出世間に至り、普段の生活を振り返らさせてくれる素晴らしい場所になりうるはずです。私はただ、参拝される方々に気持ちよく来ていただけるようなお寺にするのが、輪番としての勤めであると思っています。

――いろいろな新宗教とかも世界的にあるようですけれども、そういう意味で申しますと、宇宙飛行士の存在というのは非常におもしろい存在ではないかなと。

宇宙飛行士になった方が、最終的には宗教家になる人が多いと聞いていますけれども、結局、人間なんていうのは宇宙規模でみたら米粒です。いくら私たちがあがいても、何も変わらないんですから、そう思ったら、結局、さっき言った話のように、生かされている。自分というのはただ存在させてもらっている存在でしかない。自分から積極的に生きている存在ではないんです。それをいやというほど感じさせられてしまうんです。それこそ空の上では針の穴のような穴が開いてしまっただけでも、生きて存在できないんですから。あくまでも、いろいろなバランスがあって、空の上にちょこんと浮いているんです。本来だったら、落ちてこなければいけません。落ちてこないようにスピードをつけて、加速度がついているから落ちてこないだけであって、あれがちょっと、それこそ宇宙の塵とぶつかって、スピードが狂って、引っ張られる重力に負けてしまったら、いきなり落ちてくるんです。宇宙の塵一つで落ちてくるんですから、人間の存在なんて小さいものです。いくらあがいても、いくらえらくなっても、米粒以下です。そういうのをいやというほど体験させられる。

それで高所に上って物事は考えると言いますけれども、高いところに上りすぎですから(笑)。三百キロぐらいのところに上がっていますから。要するに自分をもう一つ上のところに置いて、物事を考える、客観的に見ると言いますが、現実的にあれだけ高いところに上がって、人間の行ないをながめるのだったら、それは宗教心が出て当たり前です。何らかの神なる、大いなる力です。神であるか仏さまであるか分かりません。ただ大いなる力が働いて、私たちが存在させてもらっている。その大いなる力というのが神であり仏であるわけです。

だいたい、ここに存在していること自体がおかしいんですから。ここに存在して、こういうふうにして、縁もゆかりもなかった人間が向かい合って話をすること自体が不思議な縁です。見えない大いなる力の計らいがあって、こういうことがあります。それをいやというほど体験しているのは宇宙飛行士じゃないですか。

——そういうのは別に神秘体験なんていうのではなくて、ある意味では合理体験でもあって……。

現実的な体験ですよね。ある意味では自然にさからって生活することができないところですから。私にいわせれば、自然体験です(笑)。あるがままに生きる、それだけですよ。昨日は天気が悪い、今日は晴れだと。

大いなる力につつまれて——回峰行の不思議さ

——そういう意味で言うと、今の世の中において、行とか修行とか、そういうものに対して無関心というか、そういうところがあるのではないかなと思うんですが。

結局、自分で生きている人間が多すぎるんです。生かされている人間が少ない。生かされていると感じられる人が増えてきたら、もっと変わってきます。ですから、江戸時代の禅宗のお坊さんの本に『菜根譚（さいこんたん）』というのがあります。有名な本ですが、たとえばそういう書物などを多くの日本人に読んでもらって、一つひとつの行ない、箸の上げ下げとか、足の運びまですべて修行であるという意識で、自分が生かされているという気持ちになって、日本人が行動するようになれば、日本は変わりますよ。

宗教がいけないと言いますが、宗教というのは人間の基本的な思想ですから、世界中であなたの宗教は何ですかと聞かれて答えられない者が多いのは日本人だけでしょう。本来、無宗教という言葉は、宗教学をすべて修めて、仏教もキリスト教もすべて勉強したうえで、私は無神論者ですというのが本来なんです。日本人みたいに何もしなくて、無神論者なんていうのは、無神論者に対する冒瀆です。言葉の使い方が間違っています(笑)。

私に言わせると、『菜根譚』にかぎらず、そういうふうな素晴らしい人間の生き方を説いた本に、小さいうちから接する機会を与えるべきです。高校生ぐらいでないと理解できない部分がありますけれども、そういうふうに誰もが生かされているということを気づかせてもらう機会は必ず必要です。ですから、もともと信仰のある家の方はいいですけれども、私の家もそうでしたが、そうでない家庭が増えてしまっているわけです。

――よくお坊さんなんかでも若いころ、こういう修行をしていったいどういうふうになるんだという疑問を持つとかという話を聞きます。

どうなるんですかね。それはやはり個人個人の心の持っていき方と違いますか。無駄だと思ったら、無駄な生活ですしね。ただ、私はその生活のなかに、さっきもいいましたけれども、苦労というのは工夫するためのきっかけですから、工夫があって、生活をしたら、無駄にならないんです。自分が使われているときには、自分が使う立場になった時のことを常に考えながら行動するべきです。上から言われているときにはいやな言葉は自分が上になったら使わなかったらいいんです。使われているときに、こう言われていやな思いをした。自分だったら、こういうふうに言葉を使おうと考える。常に疑問を持って、常に考えたら、無駄にならないんです。自分がされていやだったことは、自分が人にしないことです。

常に自分に接するものは全部、自分の鏡であると。ですから言葉を使うのでも何でも、自分が心を尽くし、言葉を尽くしたら、そういう言葉が返ってくるはずです。だから、けんかをするのでも、言葉を荒らげて話をするのでも、結局、全部自分の責任です。最終的には自己管理の問題ですから、まず人に求める前に、自分に何ができるか、なしうることを知ることのほうが先であって、それによって自分は心を尽くし、言葉を尽くして、自分がいまできる精一杯のことをする。

——そういう意味では、回峰行という行、修行というのは……。

私はいま、いろいろな人の助力があって、現在があるわけです。自力だけで千日回峰行を修めたわけではないですから。自分の力だけでは回峰行は修めることができないんです。人に姿をさらしながら行じるということは、それだけ、自分だけではできないようになってしまうんです。普通、修行というのはあくまでも個人でするものですが、人に姿をさらさずにあくまでも自利行の部分でするわけですから、個人でやりきれるんです。

ところが回峰行というのは人に姿をさらすという意味で、自分だけではできない行になってしまうんです。回峰行というのは、言葉を返したら、姿をさらすということは、人にかかわってもらわないとできない行なんです。ですから、人に応援してもらわなかったらできない行なんです。七百日まではいくらでもえらそうなことを言って、私は一人でやっていると言っても構わないんです。しかし堂入りに入った時点から、自分では何もできなくなってしまうんです。人を巻き込まなかったらできないんです。

——そういうふうに考えると、確かに回峰行というのは、開放的になっている不思議な行ですね。

そうです。ですから、人に手伝ってもらうだけのものを身につけなければいけないんです。化他行に入る前に。

そういう意味でも非常に変わった修行なんです。回峰行というのは人の手をわずらわせなかったら、できない修行なんです。回峰行は、自力で生きてるなんて思ったらできません。皆さんの計らいで生かさせてもらって、お不動さまに見守ってもらいながら行をさせてもらっているという気持ちがなかったら、できないのです。いくら一人でがんばっても大廻りはできないんですから。私だけ行こうと言ってもだめです。まあ、ほとんどその世界で私は歩いていましたけれども(笑)。

——本当に不思議な、そういう行はほかにないですね。

普通、修行と言われるもののなかで、とにかく人の手をわずらわせなかったらできない行は、回峰行だけです。とにかく人にかかわって、一人でも多くの人にかかわってもらわなかったら、できないんです。お数珠を受けてくださる方が一人でも多いほうが、ある意味では行者にとって励みになって、修行ができるわけです。あそこで待ってくれている人がいる。ここで待ってくれている人がいる。その人たち皆さんが無事に終わってほしいと思ってくださっているわけです。そういう心を受けて、満行できるのであって、自分の力だけでは絶対に満行できないんです。

そういう意味で仏さんの道理的なものも、自分のなすべきことはした、後は仏さまの力にすがるだけだということです。そういう大いなる力が働いて、皆が一心に応援してくれて、手伝ってくれて、そういう気持ちをすべて合わせて満行できるのであって、自分の力だけでは満行できないのです。そういう意味では回峰行はたいへんな修行です。だからこそ、そういうふうな意味があるからこそ、千二百年続いているんです。連綿としてそれを続ける人間が出てくるわけです。

——阿闍梨さんとお会いする前は緊張しましたけれども、お話をうかがって、本当に……。

私が一代記は嫌いだというのが分かるでしょう(笑)。

——いや、そんなことはないですよ。普通に阿闍梨さんであると。その普通さがいかにたいへんなことであるか。

いかに普通か分かるでしょう。私は平凡な人間ですよ(笑)。

——当たり前が当たり前であるという、そういうことの不思議さと大きさとを認識しました。

何かもらわなければいけませんね(笑)。きっと霞を食べているように思ってくれていたんですね(笑)。

山を下りる大行満大阿闍梨——増補新装版のあとがきに代えて

平成十二年十二月一日の朝、小春日和の比叡のお山を後にした。

二十歳で出家して以来、二十六年のあいだ、ずっと続いた山上生活に別れを告げたのである。

十一年前のこの日、回峰行の根本道場である無動寺谷明王堂の輪番を拝命し、本尊大聖不動明王の御給仕を仰せつかったのであるが、翌年には千日回峰行最大の難関といわれる回峰第九百日京都大廻りを控えており、責任の重さに身の引き締る思いであったことが思い出される。

輪番職のもう一つの大きな仕事は行門の継承・発展に努めることにある。千数百年前、相応和尚が創始された回峰行は今日も絶えることなく続けられ、毎年、幾人かの百日回峰行者が誕生する。峰々に白鷺が飛来するかのように純白の浄衣姿の行者がみられるようになると、比叡の山々にも遅い春が訪れ、谷全体がもっとも活気づく季節となる。

たとえばスポーツ選手が現役を退くと、監督やコーチとなって後進の指導にあたるように、千日回峰行者も自身の行を終えると、百日あるいは次代の千日回峰行者を育成しなければならないという責務がある。私は在任中、おおよそ五十人ほどの新行者と、先満（次代の大行満を指導する役目）として二人の大行満の先達を努め、多くのことを学ばせていただいた。輪番職を辞し、今やっと行を指導する現場を離れ、指導的役割からも開放された已満の仲間入りをさせていただいたところである。

現在、比叡山麓の南善坊という里坊に住まわせていただいている。比叡山は「論湿寒貧」といわれ、非常に湿気が多く、寒気も強い。里坊とはこのような厳しい自然環境の山上生活に絶えられなくなった老僧が住まうために作られた僧坊で、穴太衆積みの石垣で有名な山麓の坂本は多くの里坊が軒を連ねる門前町である。私は十二年籠山行を満じた翌年、四十三歳のとき、叡山三千坊を焼き払った織田信長の元亀の法難によって、灰燼に帰した無動寺谷十六坊のひとつ南善坊の再興を発願した。

南善坊は「五十段」と呼ばれる比叡山の表参道の入り口に面し、他の里坊とはかなり離れた山沿いの傾斜地に位置している。私はかねがね不便でもお寺には徒歩でたどる参道が不可欠であると考えていたが、ここへは日吉大社横からの石段と、坂本ケーブル駅からは九十九折りの参道があり、車で乗りつけることもできるが、徒歩で世間から出世間への転換をするのにほどよい距離のアプローチとなっている。この好適地に三年の歳月をかけて復興が実現した。本堂には明王堂参籠の折に念持仏とした不動明王を本尊として奉安し、庫裏の内仏の本尊には阿弥陀如来を奉じた。この仏間に居間を連結させ、自身の臨終の時、西向きに床をとって、仏間の阿弥陀様の手から出る五色の糸に導かれて往生したいという願いを込めて設計に工夫を重ねたのである。

古の老僧が里坊に移り住まわれたごとく、明王堂輪番職を辞して四十六歳にして初めて山下での生活がはじまった。しかし、移住して三年、まことに多忙を極める毎日が続いている。

お山の上では籠山中ということもあって「来訪者を待つ」姿勢であったが、下では「自ら行動する」姿勢、つまり「静」から「動」へ大きく転換したといえる。たとえば、講演活動という新たな一面が加わった。最近、小泉純一郎総理大臣が在任千日を迎え、「比叡山には千日回峰行の荒行が伝わっている。行者のように不退転の心構えで立ちむかう」という趣旨のコメントを発表されたが、世間では「千日回峰行は荒行である」という認識が定着している。「その荒行を修した僧から行(ぎょう)の話を聞きたい」とのお申し出も多く、法務に支障を来さない限り、できるだけお引き受けさせていただいている。「静(山上)」の生活では、少人数で対面しての会話、しかも、信者様ということで「行」について知っておられる方々ばかりが相手であった。しかし、講演では大人数を対象として、しかも、言葉のやりとりのない一方通行の法話になりがちである。最後に、質問時間を設けたりしているが、講演後、私の拙い話で聴いてくださった方々に満足していただけただろうかと自問自答している。釈尊でさえ、『法華経』のなかに「長者窮子の喩え」や「三車火宅の喩え」など多くのたとえ話を用いて、出家、在家を問わず、広く仏法を説かれている。聞き手の資質に応じて変幻自在に説くことこそ、「対機説法」というものであろうが、実行するのはなかなか容易ではない。

先年、幼児教育関係者に講演させていただく機会があり、「千日回峰行」についてお話させていただいた後、幼児教育の自論を展開し、提案をさせていただいたことがある。少子化が進み、子供は王子さまや王女さまのように家庭の中で一番の地位についていることが多いのではないだろうか。私は家庭内で子供が一番という扱いには反対である。幼少のうちから二番、三番の地位があることを知らしめておかなければ、集団の調和を図ることもできないし、ひいてはいじめにも繋がるのではないかと考えているからである。

また、最近、マスコミでは親が子を、子が親を殺害する、「しつけ」と称して親が子を虐待するなど、『観無量寿経』の親殺し・子殺しが現実問題として取り上げられている。まさに、「末法の世である」といってはいられない。私は子育ても弟子の育成も似かよったところがあるのではないかと思う。残念ながら子育ての経験はないが、行者や弟子の育成においても指導者は対象者の年齢に自らの年齢を引き下げて、接しなければならないのではないだろうか。極論すれば親は大人の仮面をつけた子供で、大人の振りをして子供を育てているだけである。「子は親の鏡」といわれるように、子育てをすることによって親に成長させてもらっているのだとはいえないだろうか。私も幾人もの弟子を育てながら、子育ての難しさの一端を味わった。

僧侶の世界では、不惑の四十歳は洟垂れ小僧、五十歳にして漸く一人前といわれるほど、以前から高齢化社会である。年輪を重ねてこそ値打ちが出るのである。「大行満大阿闍梨」というだけで、若輩の話を聴いていただく方々に少なからず、感謝している。まだまだ、少ない年輪であるが、講演活動も千日回峰の本誓（ほんぜい）である衆生済度の実践の一つであろうと捉え、今、できる精一杯のお話をお伝えしたいと考えている。

さらに、千日回峰行者であるということで、平成十四年五月十五日（沖縄本土復帰三十周年記念日）に天台仏教青年連盟が主催した「沖縄戦没者慰霊行脚法要」に参加した。私は十四日、首里城を出発し、海軍司令部壕、摩文仁の丘、ひめゆりの塔などの南部戦跡を慰霊行脚して、十五日に沖縄平和記念堂で執行された「慰霊と平和の祈り法要」に随喜させていただいた。全長三十二キロの行程であったが、サトウキビ畑のなかを限りなく一直線に続くアスファルトの道を慰霊地に向かって巡礼したことだけで、戦火に焼かれた阿鼻叫喚（あびきょうかん）の灼熱地獄に想いを馳せるのに十分であった。翌年も、また、参加させていただいたが、米国での九・一一テロ事件以後、世界各地で戦禍が勃発しており、世界平和を祈らずにはいられなかった。

このように、已満となっても「大行満」という肩書きを背負った生活を送っているのが現状である。この金看板をはずしても魅力のある僧侶にならなければならないのであるが、「動（山下）」の生活を過ごす已満であるからこその要請ではなかろうかと受け取っている。

しかし、私は南善坊住職であるから、「静」の側面もある。出かけてばかりはいられない。なぜなら、住職とは字の如く「住むのが職業」なのであり、有縁無縁の方々がいつ何時でも住職の話を聞き、相談にものってもらえるという要求に応えるために、お寺にじっと止まっている日が必要なのである。

来山者もあれば、人っ子一人お目にかからない日もある。来山者の多くは、本堂からの琵琶湖を一望できる景色に感嘆の声をあげてくださる。本堂と庫裏は平成十二年に落慶を迎えたが、境内整備は今もって進行中である。山の斜面を切り開いての建立であったため、世界文化遺産に登録された比叡山の自然と溶け込んだ寺にしなくてはならないとの使命感がある。私の理想は、四季折々の樹木が咲き乱れる季節感溢れる「花の寺」である。琵琶湖を借景に参道の両側に紫陽花や椿を植えては、猪や鹿、猿などの襲来によって花芽を食いちぎられている。彼らも生きていかなければならないのであるから、当然といえば当然ではあろうが、植えては食われ、食われては植えの繰り返しは、まだまだ、続くであろう。この寺があたかも何百年も昔から存在していたようになるのには程遠く、歴史は一朝一夕につくれるものではないと実感しながら苦笑している。

また、住職として朝夕の勤行（ごんぎょう）はいうまでもないが、毎月第二日曜日と、お不動さまの縁日である二十八日、さらに五節句（元旦、上巳、端午、七夕、重陽の節句）を護摩修法（ごましゅほう）の日と定め、参詣者の諸願成就を祈願させていただいている。私は二十五年も僧侶をさせていただいているが、葬儀の導師を勤めたことは一度もない。僧侶に対する世間の認識からすれば、まったく、例外中の例外かもしれない。日々、死を賭して行ずる回峰行者の浄衣は死装束を意味しているが、行中は「死」は不浄のものであると敬遠されている。明王堂輪番中も親兄弟たりとも人の死に目には会ってはならぬとされる。それは千日回峰行者が堂入り以後、化他（けた）の門に入り、衆生済度を祈らせていただく「祈願の行者」となっているからなのである。私も祈願の実践として護摩供を修することは、これから先も続けていかなければと考えている。

現在、なんとか已満と住職の均衡を保った生活をしているが、自身の将来についていささか目標を持っている。古来より、千日を修し終われば、無意識にも犯した罪科を償う、「滅罪を修する念仏行者になるべし」といわれるが、私の理想の老後はこの念仏行者になることである。実際、ある大行満は老後、自坊に念仏堂を建立して念仏を唱えて過ごされ、みごとに祈願の行者から念仏の行者へと転身された。縁あって復興させていただいた南善坊も、その実践道場に適した環境に整備したつもりである。環境が整えば、つぎは行動あるのみ。横川を開かれた恵信僧都源信が、

夫れ一切衆生、三悪道をのがれて人間に生るること大なるよろこびなり。……臨終の時までは、一向に妄念の凡夫にてあるべきぞと心得て念仏すれば、来迎にあずかりて蓮台にのるときこそ、妄念をひるがえして悟りの心とはなれ。妄念のうちより申しいだしたる念仏は、濁りに染まぬ蓮のごとくにして、決定往生うたがいあるべからず。妄念をいとわずして信心の浅きを嘆き、こころざしを深くして常に名号を唱うべし。

との『念仏法語』を残されており、毎朝、一言一句かみしめながらお唱えさせていただいている。雑事に追われ、念仏三昧というわけにはいかないが、これを念仏行者への第一歩と捉えている。いますこし、大行満として世の中にお返しすべく、汗をかかなくてはならないと思いつつ過ごす日々である。

平成十六年二月三日

比叡山麓南善坊にて

光永覚道

光永覚道阿闍梨・千日回峰行の歩み

昭和五十年（一九七五）三月二八日 得度受戒。
昭和五三年（一九七八）四月一日 三年籠山行入行。
昭和五五年（一九八〇）三月二八日～七月五日 回峰第初百日。
昭和五六年（一九八一）四月一日 三年籠山行満行。
昭和五九年（一九八四）三月二八日～七月五日 回峰第二百日。十二年籠山行入行。
昭和六十年（一九八五）三月二八日～七月五日 回峰第三百日。
昭和六一年（一九八六）三月二八日～七月五日 回峰第四百日。
昭和六二年（一九八七）三月二八日～七月五日 回峰第五百日。白帯行者となる。
昭和六三年（一九八八）三月二八日～七月五日 回峰第六百日。
〃 七月六日～十月一三日 回峰第七百日。
〃 十月一三日～十月二一日 明王堂参籠（堂入り）。当行満阿闍梨となる。
平成元年（一九八九）三月二八日～七月五日 回峰第八百日（赤山苦行）。
〃 十二月一日 明王堂輪番拝命。
平成二年（一九九〇）三月二八日～七月五日 回峰第九百日（京都大廻り）。
〃 七月六日～九月一八日 回峰第一千日満行。北嶺大行満大阿闍梨となる。
〃 十月一二日 土足参内（玉体加持）。
〃 十一月三日～平成三年十月十日 千壇護摩供。
平成四年（一九九二）十一月二日～十一月九日 十万枚大護摩供。
平成八年（一九九六）三月一日 十二年籠山行満行。
平成一二年（二〇〇〇）十二月一日 明王堂輪番交替。

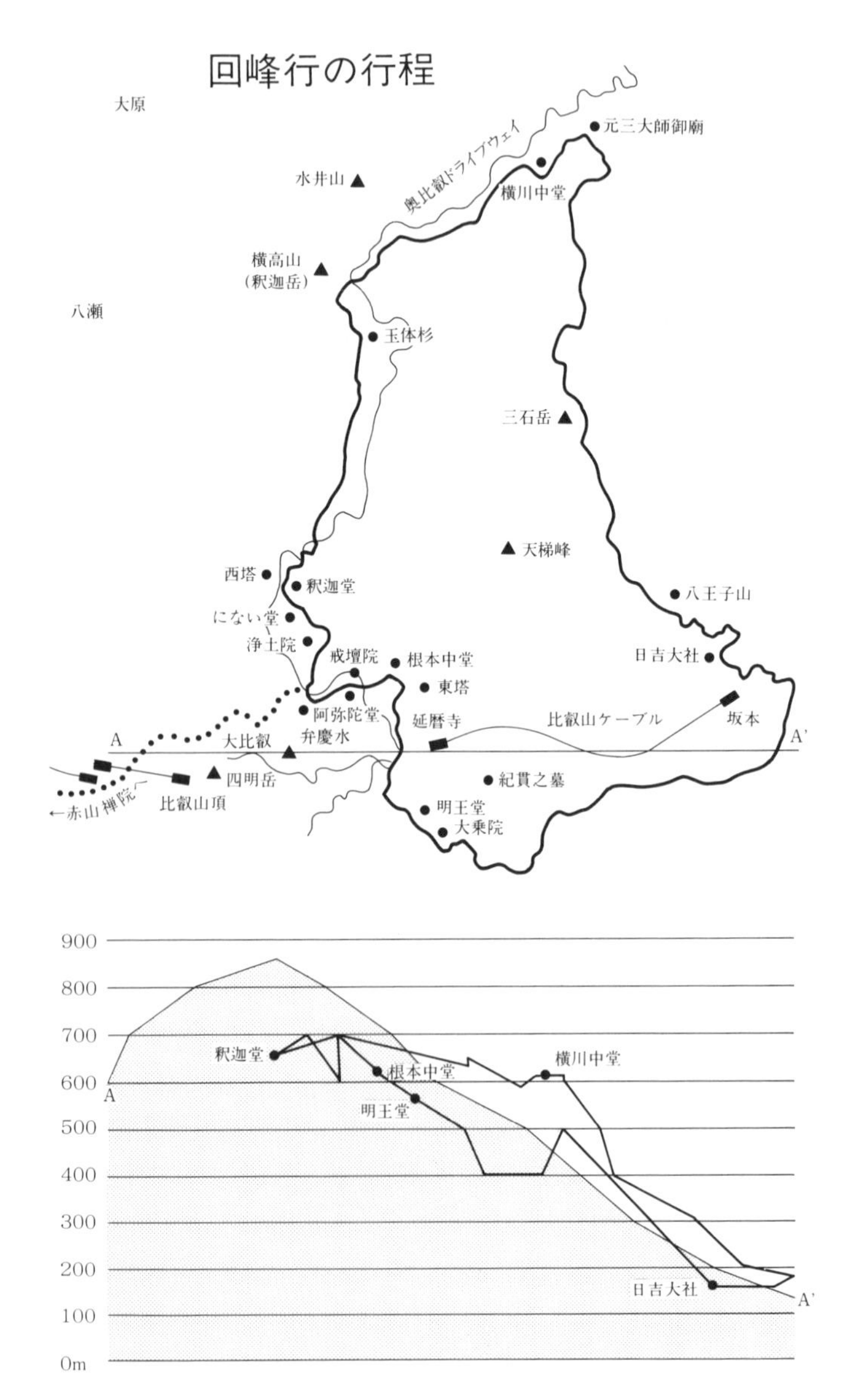
回峰行の行程
大原
元三大師御廟
奥比叡ドライブウェイ
水井山
横川中堂
横高山
(釈迦岳)
八瀬
玉体杉
三石岳
天梯峰
西塔
釈迦堂
八王子山
にない堂
浄土院
日吉大社
戒壇院
根本中堂
東塔
阿弥陀堂
延暦寺
比叡山ケーブル
坂本
A
大比叡
弁慶水
A'
四明岳
紀貫之墓
←赤山禅院へ
比叡山頂
明王堂
大乗院
900
800
700
600
500
400
300
200
100
0m
釈迦堂
根本中堂
明王堂
横川中堂
日吉大社

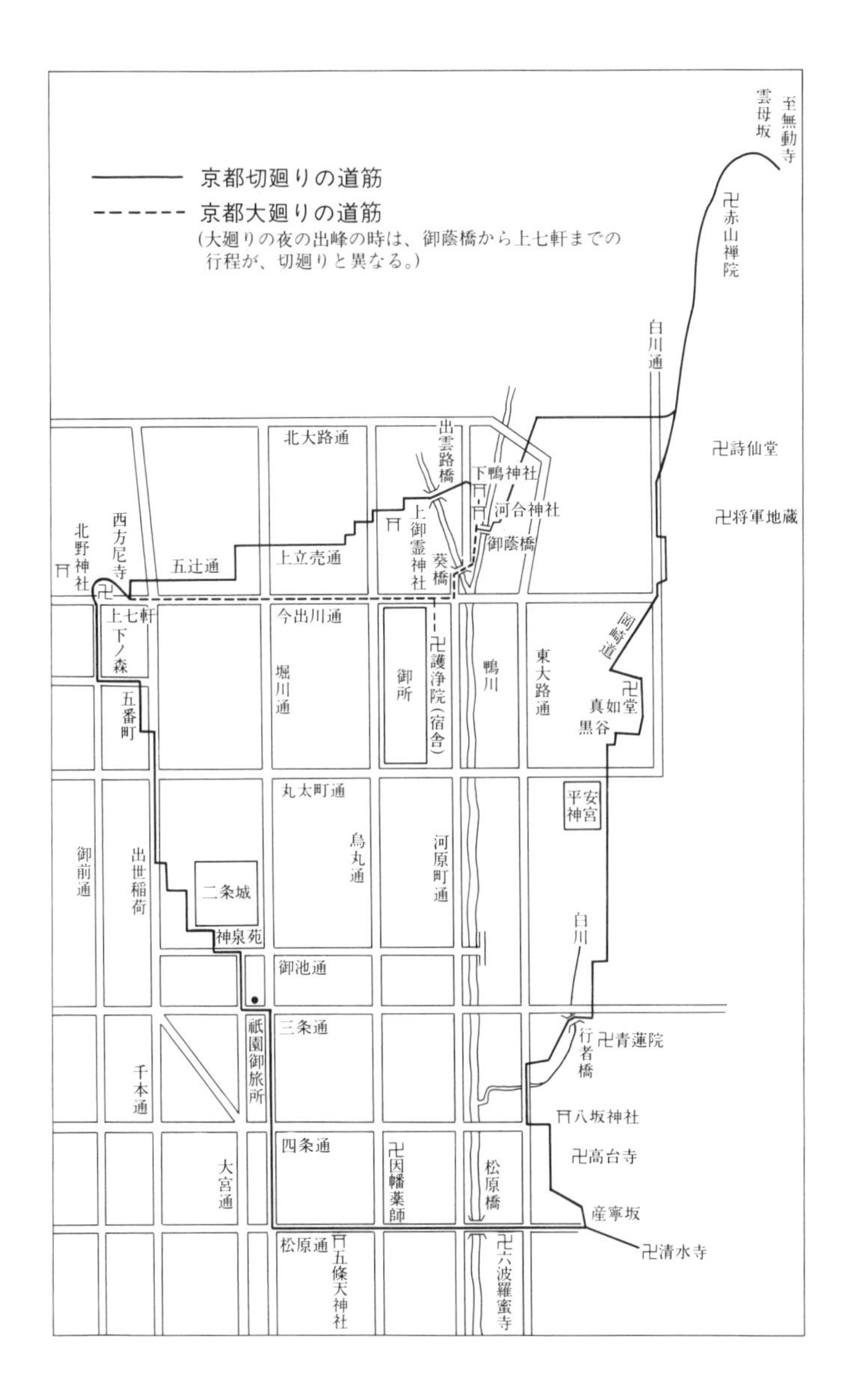
京都切廻りの道筋
京都大廻りの道筋
(大廻りの夜の出峰の時は、御蔭橋から上七軒までの
行程が、切廻りと異なる。)
至無動寺
雲母坂
赤山禅院
白川通
詩仙堂
将軍地蔵
北大路通
出雲路橋
下鴨神社
河合神社
御蔭橋
上御霊神社
葵橋
北野神社
西方尼寺
五辻通
上立売通
上七軒
下ノ森
今出川通
護浄院(宿舎)
御所
堀川通
鴨川
東大路通
岡崎道
真如堂
黒谷
五番町
丸太町通
平安神宮
烏丸通
河原町通
御前通
出世稲荷
二条城
神泉苑
白川
御池通
三条通
祇園御旅所
行者橋
青蓮院
千本通
八坂神社
四条通
因幡薬師
高台寺
大宮通
松原橋
産寧坂
松原通
五條天神社
六波羅蜜寺
清水寺

光永覚道（みつなが　かくどう）
1954年　山形に生まれる。
1975年　鶴岡工業高等専門学校卒業。得度受戒。
1981年　延暦寺一山・大乗院住職。
1989年　明王堂輪番拝命。
1990年　千日回峰行満行。北嶺大行満大阿闍梨。
1996年3月1日　十二年籠山行満行。
2000年4月1日　延暦寺一山・南山坊転住職。
2000年12月1日　明王堂輪番交替。
現　在　明王院住職（比叡山麓南善坊に住す）。

千日回峰行
一九九六年三月二八日　初　版第一刷発行
二〇〇四年二月二八日　増補版第一刷発行
二〇二四年七月二〇日　新装版第一刷発行
著　者　光永覚道
発行者　小林公二
発行所　株式会社春秋社
東京都千代田区外神田二―一八―六（〒一〇一―〇〇二一）
電話〇三―三二五五―九六一一　振替〇〇一八〇―六―二四八六一
https://www.shunjusha.co.jp/
印刷所　萩原印刷株式会社
写　真　打田浩一
装　丁　鈴木伸弘
定価はカバー等に表示してあります
2024©ISBN 978-4-393-13468-9